KB011549

이슈나윤

아름다움
유럽 정신사의 기본 개념 7

지은이 콘라트 파울 리스만 | 옮긴이 라영균 | 처음 찍은 날 2015년 2월 10일 | 처음 펴낸 날 2015년 2월 17일 | 펴낸곳 이론과실천 | 펴낸이 김인미 | 등록 제10-1291호 | 주소 (121-842) 서울시 마포구 잔다리로 71 (서교동, 아내뜨빌딩) 503호 | 전화 02-714-9800 | 팩스 02-702-6655

Schönheit (Grundbegriffe der europäischen Geistesgeschichte, 10 vol)
By Konrad Paul Liessmann, edited by Konrad Paul Liessmann

Copyright ⓒ 2009 Facultas Verlags- und Buchhandels AG
All rights Reserved.
Korean Translation Copyright ⓒ 2015 Theory & Praxis Publishing Co.
Korean edition is published by arrangement with Facultas Verlags- und Buchhandels AG, AUSTRIA through Corea Literary Agency (CLA).

이 책의 한국어판 저작권은 Corea 에이전시를 통한 Facultas Verlags- und Buchhandels AG, AUSTRIA와의 독점계약으로 도서출판 이론과실천에 있습니다. 신저작권법에 의해 한국 내에서 보호를 받는 저작물이므로 무단 전재와 무단 복제를 금합니다.

ISBN 978-89-313-6061-5 04160
978-89-313-6054-7 (전10권)

*값 9,800원
*잘못된 책은 바꿔 드립니다.

유럽 정신사의 기본 개념
07

아름다움

Schönheit

콘라트 파울 리스만 편저
콘라트 파울 리스만 지음 | 라영균 옮김

이론과실천

일러두기

각각의 인용문 뒤에는 원저에 관한 정보가 있다. 예) (플라톤 1991a, 202) 맨 뒤 참고 문헌에서 괄호 안의 저자와 해당 연도를 찾으면 자세한 책 정보를 확인할 수 있다.

차례

왜 아름다움인가?

행복의 약속

•

'미美'는 유럽 문화에서 논란이 되는 만큼이나 설명하기 어려운 개념에 속한다. 미가 중심이 되지 않는 삶의 영역은 거의 없다. 일상생활에서 미는 출생('아름다운' 아기)에서부터 죽음('아름다운' 시신)에 이르기까지 우리의 의식 속에 존재하는 가치를 나타낸다. 미는 성애와 섹스의 성격을 결정하며('아름다운' 신체, '아름다운' 섹스), 실제 생활에서 우리가 갖고 있는 목표나 희망의 근간이다('아름다운' 아파트, '아름다운' 집, '아름다운' 휴가, '아름다운' 저녁). 또한 미는 의상미학과 일상품의 디자인을 지배하는 중심규범이기도 하다.

예술에서 미는 오랫동안 인간의 창의력이 추구해왔던 중요한 목표이다. 심지어 미는 신성의 표현이나 우주의 조화를 그리고 개인의 행복을 대변하기도 했다. 모더니즘에 의한 미의 비판과 해체는 미의 가치를 손상시켰다. 그러나 아름다운 것에 대한 동경은 인간 존재의 설명할 수 없는 차원을 표현한다. 극단적인 아방가르드가 더 이상 아름답지 않은 예술을 인정하고 지지했을 때에도 그 노력 뒤에는 미에 대한 동경이 내재되어 있었다.

철학에서 미는 고대부터 진리 또는 선과 일치하는 개념이었으며, 19세기까지 서양의 교양 개념을 결정했던 진선미 중 하나이다. 미는 도대체 무엇을 의미하는가? 객관적인 이념의 표현인가, 아니면 주관적인 감정의 반응인가? 늦어도 18세기부터 이 질문에 대한 논쟁은 철학적 미학 분야에서 격렬하게 진행되었다. 여기서 잊어서는 안 될 것이 하나 있다. 그것은 이미 오래 전에 제기되었던 문제지만, 현대의 기술문명의 발전으로 인해 다시 논란이 되고 있는 자연미이다. 그러나 미 개념은 심리학의 매력 연구나 진화생물학적 미학에 고무되어 현재 경험적인 학문 분야에서도 그 중요성이 인정되었고, 심지어는 예기치 못했던 인기까지 누리고 있다.

미란 무엇인가? 이에 대한 정의들은 수없이 많다. 그중 하나를 우리는 공교롭게 한 각주에서 발견한다. 스탕달(1783~1842)은 "사랑에 관한" 성찰에서 아름다운 여자보다 추한 여자를 선호하는 사람에게는 추醜가 미를 의미한다고 결론짓는다. 그리고는 각주에 "미는 단지 행복을 약속한다."(스탕달 1975, 76)고 언급한다. 이 문장은 격언이 되었고 이 생각은 확실해졌다. 그리고 이 문구는 미에 관한 최근 연구에서 다시 여러 곳에서 인용되고 있다. 독일의 문예학자 메닝하우스(1952~)는 이 주제와 관련된 연구서에 『미의 약속』(메닝하우스 2003)이란 제목을 붙였고, 미국의 철학자 알렉산더 네하마스(1946~)도 예술에서 미가 갖는 의미에 관한 연구서의 제목으로 스탕달의 각주인 "Only a Promise of Happiness(오직 행복의 약속)"을 택했다.(네하마스 2007)

그러면 미는 무엇을 약속하는가? 스탕달의 정의에는 유보의 의미가 담겨 있다. 미는 행복을 약속할 뿐이지 그것의 실현은 아니다. 아름다운 모습은 기대, 욕망, 그리움을 불러일으키는 것이지,

행복 그 자체를 나타내는 것이 아니다. 그리고 미는 언제든지 열정에 의해 추방될 수 있다. 스탕달의 격언은 나름 내력이 있다. 스탕달은 토마스 홉스(1588~1679)의 책을 읽으면서 이 생각의 단초를 얻었다.(되링 2007, 113) 홉스는 『인간론』에서 미를 "앞으로 다가올 좋은 일의 징조"라고 정의하였다.(홉스 1994, 23) 이 정의에 따르면 미는 현상 속에 있는 것이 아니라 뭔가 미래의 것을 지시함으로써 깊은 의미를 갖는다. 우리는 미를 통해 이 세계에는 유용한 것과 유용하지 못한 것, 직접적인 기쁨과 고통 이상의 것이 있다는 것을 예감한다. 미는 행복을 약속함으로써 행복이 충족될 것이라는 기대를 만들지만, 그것은 결코 지킬 수 없는 약속이다. 이 약속 안에는 은연중에 헛된 수고와 실망, 파괴와 자기 파괴의 목소리가 늘 담겨 있다. 그래서 미는 모험이기도 하다. 이런 점에서 미에 대한 논의의 역사도 평범한 담론은 아니다. 이 담론은 고대 그리스에서 시작되었다. 그리스보다 미를 신봉한 문화는 그 이전에도 그 이후에도 없을 것이다. 이런 연유에서 고대 그리스의 신화, 문학, 철학은 끊임없이 미의 신비로운 약속을 탐구하였다. 2000년 이상 미의 담론을 결정해 온 질문들이 이때 이미 거의 정해졌다고 해도 과언은 아닐 것이다.

미에 대한 질문은 여러 측면들을 지니고 있다. 그중 일부는 우리의 일상에서 익히 잘 알려져 있으며 당연한 것으로 여겨진다. 미는 주관적인 감정의 표현인가? 미에 대한 객관적인 기준은 있는가? 예술에서 미는 어떤 역할을 하는가? 예술은 아름다워야 하는가, 아니면 그럴 필요가 없는가? 미는 언제 키치Kitsch가 되는가? 아름다운 사람이 삶의 여러 분야에서 편하게 살 수 있다는 주장은 사실인가? 심리학을 지향하는 현대의 매력 연구에 의해 제기된 마지막 질문은 최근에 매우 유행하는 주제이다. 행복을 줄 것이라는 미의 약속 때문에 오늘날 많은 사람들은 이 행복을 쟁취해야 한다고 생각한다. 오랫동안 불신의 대상이었던 미는 이제 거의 의무가 되었다. 모든 매체는 모범효과를 가진 아름다운 인간을 소개한다. 한 사람의 행운, 사랑, 성공은 그의 근사한 외모와 몸매 그리고 상냥한 미소에 의해 좌우되는 것 같다. 그리고 자연적인 결함을 교정하는 데 화장이 충분하지 못하면 화학, 외과 그리고 때로는 유전자 기술이 도움을 준다. 오후에 방영되는 토크쇼에서 성형과 그 효과에 대해 논의되지 않는 날은 거의 없다.

사람들은 오늘날 만연하는 미의 망상을 지켜보며 웃을 수도 있고 당혹스러워할 수도 있다. 그러나 고대부터 미의 약속에 토대가 됐던 생각이 물론 일그러진 형태이긴 하지만 이러한 미의 망상에 담겨 있는 것은 아닌지 한번 생각해볼 필요가 있다. 그것은 미가 도덕적인 자질과 긴밀한 관계가 있다는 생각이다. 미는 미래에 있을지 모르는 좋은 것의 징후이며, 어쩌면 좋은 것 그 자체의 표시일 수 있다. 달리 표현하면 우리는 미에서 선을 거의 반사적으로 기대한다. 또한 미가 행복을 약속하는 곳에는 아름다운 것이 더 좋은 것일지 모른다는 생각이 들어 있다. 우리가 삶 속에서 미에 부여하는 의미는 반드시 외적인 것에 국한되지는 않는다. 거기에는 어쩌면 암묵적이면서, 늘 의식하지는 못하는 희망이 내재되어 있다. 아름다움이 실제로 성공한 삶의 의미에서 행복을 줄 것이라는 희망이다.

그러나 다른 분야에서, 특히 예술에서는 미의 평판이 좋지 않다. 고전적인 형이상학에 따르면 미는 선뿐 아니라 진리와도 통일성을 이루었다. 늦어도 모더니즘이 시작되면서 이 생각은 완전히 의심의 대상이 되었다. 미는 18세기 말부터 점차 의문시되었다. 미는 비인간적이고 정의롭지 못한 현실을 은폐하는 허위적인 조화, 거짓된 미학, 이중적인 도덕으로 간주되었다. 모더니즘의 문화 비판이 시작되면서 미는 하나의 이데올로기라는 의혹을 받았고, 미의 약속은 사회의 문제와 모순으로부터 눈을 돌리게 하려는 것이라고 고발하였다. 늦어도 자연주의 이후부터 예술은 미에 대해 어떠한 유보도 허락하지 않았다. 그러나 20세기 말 새로운 방향을 모색하는 일부 예술가들이 미에 대해 관심을 돌리면서, 미는 다시 주목을 받기 시작했다. 모더니즘 예술의 사회비판적인 동력이 멈춰지자 영화, 연극, 회화, 음악, 문학, 무용 등에서 다시 아름다운 것을 노골적으로 요구하였고, 그리고 아름다운 것들이 제공되었다. 최근의 예술에서는 키치가 인정되면서 미의 복권이 아이러니한 방식으로 이루어지고 있다.

하지만 주의해야 할 것이 하나 있다. 미는 단순히 마음에 드는 것, 깔끔한 것, 매력적인 것, 예쁜 것, 자극적인 것, 미적 호감이 아니다. 이 모든 것이 미가 될 수 있지만, 미는 항상 단순한 감각적인 자극 그 이상의 것이다. 우리가 어떤 그림, 풍경, 사람, 상황, 도시, 대화, 텍스트 혹은 만남을 "아름답다"고 말할 경우, 거기에는 하나의 측면이 아닌 전체를 표현하려는 의도가 담겨 있다. 아름다운 대화는 몇 개의 뛰어난 요점들로 이루어진 것이 아니다. 아름다운 대화라는 말에는 어떤 복잡한 상황이 표현되어 있다. 우리가 일상, 예술, 자연에서 무언가를 아름답다고 말한다면, 그것은 뭔가가 특별한 방식으로 잘 이루어졌고, 내적으로 일치되고, 전체적으로 성공한 것을 의미한다. 빈의 철학자인 귄터 푈트너(1947~)에 따르면 우리는 어떤 것이 "자기 본래의 가능성에 도달하여 아주 가치 있게 보일 때" 그것을 아름답다고 칭한다.(푈트너 2008, 233) 삶이나 현실 속에서 이렇게 성공할 확률이 아주 희박하기 때문에 미의 계기에는 항상 가벼운 우울감이 따라다닌다.

미의 이념은 논의할 만한 가치가 있는 주제이다. 여기서는 2000년 이상 형성되어온 미 개념의 본질적인 측면들을 살펴볼 것이다. 물론 우리는 미에 대해 궁극적인 정의를 내릴 수 없을 뿐 아니라, 그것이 우리의 목표도 아니다. 그러나 우리가 추구하는 것은 예나 지금이나 인간의 사유와 예술 그리고 삶 전반에 걸쳐 매우 중요한 의미를 갖고 있는 미의 철학적, 미학적, 미용적 개념을 통찰하는 것이다.

아름다움의 프로필

제1장

거대이론

미에 대한 질문과 미 개념에 관한 논의가 서양 사상사에서 차지하는 비중은 매우 크다. 하지만 미가 주관적인 취미의 표현이라는 현대적인 견해는 오랫동안 별로 주목 받지 못했다. 오히려 그 반대였다. 폴란드의 미학자 타타르키에비치는 고대부터 르네상스까지 미의 '거대이론'이 지배해왔다고 말한다. 이것은 미를 구성하는 객관적인 기준이 무엇인지를 규정하는 이론이다. 비례, 조화, 대칭을 미의 기준으로 삼았지만, 미는 참된 것과 도덕적으로 옳은 것과도 밀접한 관계를 갖고 있었다. 아래에서는 고대 아테네에서 벌였던 아름다운 소녀에 대한 논쟁에서부터 신의 아름다움에 대한 중세의 논의와 미를 인간, 세계, 정신, 우주의 일치로 해석했던 근대 초기의 시도까지 거대이론의 역사가 간략하게 소개된다.

아름다운 소녀

서양 문학과 마찬가지로 미의 담론도 아름다운 여자에 대한 논쟁에서 시작된다. 그러나 이 여자는 호메로스의 『일리아스』에 등장하는, 10년 전쟁의 발단이 된 아름다운 헬레네가 아니다. 그녀는 한낱 이름 없는 소녀였다. 이 소녀는 미의 체계적 논의에 단초를 제공한 인물이다. 플라톤(기원전 428~348)의 대화 『대 히피아스』는 소크라테스와 거만한 소피스트 사이의 대화를 소개하고 있다. 소크라테스는 한 지인의 질문에 제대로 답을 할 수 없다며 소피스트에게 거짓 도움을 청한다. 그의 지인은 이것도 마음에 들고 저것도 마음에 든다면서, 아름다운 것이 무엇인지 알고 싶어 한다는 것이다. 늘 하던 식으로 히피아스는 대수롭지 않은 질문을 받은 양 거만을 떨면서 어느 누구도 자기의 답을 반박할 수 없을 것이라고 호언한다. 소크라테스가 답을 알려달라고 종용하자 히피아스는 "정말 아름다운 것은 아름다운 소녀"라고 답한다.(플라톤, 『대 히피아스』, 287e; Ⅲ, 64)

히피아스는 대화가 계속되면서 빠져나올 수 없는 덫에 걸려들고 만다. 왜냐하면 소크라테스가 한 질문의 요지는 무엇이, 누가 아름다운지가 아니라, 이런저런 대상이 아름답다고 할 때 그 판단의 근거가 되는 미의 이념이기 때문이다. 이 질문은 이렇게 다시 정리할 수 있다. 우리가 아름답다고 말하는 대상을 아름답게 만드는 것은 도대체 무엇인가? 소크라테스는 히피아스의 비위를 맞춰가며 계속 질문을 한다. 우리는 아름다운 암말이나 아름다운 칠현금 그리고 아름다운 물병도 "아름답다"고 하지 않습니까? 궁지에 몰린 히피아스는 물병은 다른 물병과 비교했을 때 아름다울 수 있는 것이지, 아름다운 소녀와 비교해서 아름다운 것은 아니라고 선을 긋는다. 히피아스의 주장인즉슨 사물에는 등급이 있기에 모든 것이 똑같이 아름다움에 관여하지는 않는다는 것이다. 그러자 소크라테스는 그러면 아름다운 소녀는 아름다운 여신들에 비해 추하지 않으냐고 반박한다.

히피아스는 아름다움을 계속 정의하려 했지만 소용이 없었다.

어떤 논거를 내세워도 소크라테스는 그것을 무력화시킬 반대의 예문을 이미 준비하고 있었다. 예컨대 빛나는 금의 광채가 아름다움의 근원이라고 하면 그 주장이 상당 부분 맞을지 모르지만, 대리석으로 만든 입상도 아름다울 수 있다고 반박하였다. 또한 금으로 만든 주걱으로 기장죽을 저어야 한다면 그 주걱은 아름답다기보다는 뭔가 어울리지 않는 것이다. 미는 재료, 형상, 기능의 일치와 관련이 있다. 그러나 이 논거를 일반화하여 "아름다운 것은 유용한 것이다"라고 주장한다면, 이것은 "미의 근원이 편안함에 있다"라는 주장만큼 수용하기 어려울 것이다. 히피아스나 소크라테스 두 사람 다 난감하기는 마찬가지였다. 그들은 아름다운 것을 파악하는 것이란 어려운 일이라는 원론적인 결론 외에는 아무 것도 얻지 못했다.(플라톤, 『대 히피아스』, 304d–e; III, 95 이하)

(서양의) '미의 형이상학'에서 이 대화가 갖는 의미는 어떤 결론도 내리지는 못했지만 미에 대한 철학적 질문을 최초로 제기했다는 점에 있다. 미는 어떤 사물이나 사람의 특성이 아니다. 그렇다고 인위적으로 누군가의 마음에 들고 안 들고의 문제도 아니다. 무언가가 아름답다고 말할 수 있는 것은 그것이 특정한 방식으로 미의 이념에 참여한다는 것과 관계가 있다. 흥미로운 것은 미를 정의하려 했던 히피아스와 소크라테스의 노력이 미에 대한 담론의 역사에서 계속 변주되며 반복된다는 점이다. 미를 편안함이나 즐거움과 같은 특정한 감정과 연결시키려는 노력뿐 아니라, 미는 구성, 사물의 재료, 그것이 자아내는 특별한 가상 그리고 유용성이나 기능과도 연관된다는 생각이 이에 해당된다. 히피아스의 실추된 명예를

회복시키기 위해 꼭 언급할 것이 하나 있다. 그는 미가 무엇인지 우매하긴 하지만 최초로 설명을 한 사람이며, 그의 대답은 오늘날까지 미에 관한 논의에 자주 등장한다. 우리는 그의 자취를 여러 곳에서 발견할 수 있다. 오랫동안(어쩌면 오늘날까지도) 여성을 아름다운 성性으로 간주해온 관습이나 인간의 아름다움이 모든 미의 근원이자 척도라는 주장이 그 대표적인 사례이다.

미 그리고 진과 선

플라톤은 『대 히피아스』가 아닌 다른 저술에서 미에 대해 정의를 내린다. 고대 그리스 문화 전반에 통용됐듯이 플라톤은 미를 독립적인 것으로 파악하지 않았다. 그는 미가 도덕적으로 뛰어난 것, 즉 선이나 (개인적 차원의 진실성과 참된 인식을 모두 포괄하는) 진리와 연관이 있다고 생각했다. 플라톤은 『필레보스』에서 선의 본질에 대해 질문하면서, 선은 '균형'을 뜻하는 미 그리고 진리와의 연관관계 속에서만 정의할 수 있다고 말한다.(플라톤, 『필레보스』, 65a; Ⅳ, 127) 이 점에서 보면 플라톤 철학의 뿌리 중 하나는 진, 선, 미의 일치를 이상으로 삼는 칼로카가티아Kalokagathia라고 할 수 있다.(뷔트너 2006, 43) 미는 진리가 감각적으로 현상된 것인가 하는 질문만큼 집중 논의된 주제가 또 하나 있다. 그것은 미란 어디에 나타나건, 누구에 의해 감지되건, 도덕적으로 옳은 것 혹은 적어도 유용한 것을 가리킨다는 생각이다. 사악한 것, 잘못된 것, 허위적인 것에서 아름다움을 찾는 것은 지금도 어려운 일이다. 칼로카가티아의 개념은 무엇보다 일상의 미학이나 매체의 미학에서 계속 영향력을 행사하고 있다. 인격화된 악에 추함의 속성을 부여하는 관행이나, 매력적이지 않은 사람보다 아름다운 사람이 더 도덕적일 것이라는 고정관념에서 그 흔적을 찾을 수 있다.

플라톤은 『향연』에서 미가 중요한 철학 개념이 되기 위해 필요한 결정적인 의미를 부여한다. 소크라테스의 친구들은 에로스 신을 찬양하기 위해 전설적인 연회에 참석했다. 연사들은 대부분 감각적인 사랑과 정신적인 (영혼의) 사랑의 장점에 대해 찬양한다. 그러나 늦게 도착한 소크라테스는 젊은 시절에 여사제 디오티마가 알려준 가르침에 대해 이야기하며 새로운 관점을 제시한다. 에로스는 아름다움이나 혹은 아름답게 느낀 신체에 대한 갈망과 관계가 있다. 이것이 첫 번째 인식이다. 두 번째 인식은 아름다움은 신체의 감각적인 자질일 뿐 아니라 아름다운 영혼, 즉 정신적인 자질이다. 디오티마의 유명한 표현에 따르면 "에로스는 육체이건 영혼이건 아름다움에서 나온 것이다."(플라톤, 『향연』, 206e; III, 52) 그녀의 세 번째 가르침은 바로 내적인 자질을 통해 감각적인 것과는 전혀 다른 에로스의 차원, 즉 미의 본질, 미의 이념, 본래의 아름다움이 열린다는 것이다. 사랑하는 사람이 처음 시작하는 사랑은 감각적인 사랑(플라톤에게 이것은 미소년에 대한 사랑)이다. 그는 한 사람에 만족하지 못하고 여러 사람의 육체에서 아름다움을 찾는다. 그리고 더 나아가 다양한 삶과 여러 분야의 지식에서 그리고 마침내는 인식의 노력에서 아름다움을 찾는다. 이 인식에 도달하기 위해 노력하는 사람은 직관으로는 경험할 수 없는, 정신적인 미의 이념에 몰두하며, 이것을 순수하게 인식하려고 한다.(플라톤, 『향연』, 210a–211c; Ⅲ, 59 이하)

소크라테스가 디오티마와의 대화를 소개하자 아리스토파네스를 제외한 모든 사람들이 그를 칭송한다. 그때 마침 술에 취해 플루트 연주자의 부축을 받고 들어온 알키비아데스(기원전 450~404)가 소란을 피우며 향연을 망쳐놓았다. 이로 인해 아리스토파네스는 발언 기회를 놓치고 만다. 훗날 아테네의 위대한 정치가이자 악한 중 한 사람이 된 알키비아데스는 아주 훌륭한 외모에 열정이 넘치는 청년이다. 사람들은 그에게 소크라테스를 찬양하는 연설을 하라고 요청한다. 그는 만취 상태에서 오직 진리만을 말하겠다고 공언한다. 우선 그는 소크라테스를 사티로스 마르시아스와 비교하며 아주 추한 사람으로 묘사한다. 하지만 자기가 소크라테스에게 반해서 유혹한 일과 소크라테스가 자기의 구애를 뿌리친 일에 대해서 이야기한다. 그리고 마침내 소크라테스의 정신과 말은 신의 그것과 같으며, 그를 사랑하는 것이 고귀한 일임을 알게 됐다고 말한다. 이 마지막 일화를 통해 디오티마가 설파한 에로스 이론은 정당성을 갖게 되었다. 이로써 소크라테스와 그를 기리는 플라톤 철학에 기념비가 세워졌다. 왜냐하면 『향연』에서 진짜 아름다운 사람은 젊고 멋진 알키비아데스가 아니라 "날개 없는 에로스의 영혼이 비상하는 것을 배운" 추한 소크라테스이기 때문이다.(렌 1996, 95)

거대이론: 균형, 비례, 조화

플라톤은 미의 이념을 인식하는 것은 다른 어떤 것으로도 구체화될 수 없는 정신적 행위라고 생각했다. 하지만 여러 기록에 따르면 그도 당시의 그리스인들처럼 실제 적용되는 미의 기준들을 알고 있었다. 그는『티마이오스』에서 다음과 같이 말한다. "선한 것은 모두 아름답다. 아름다운 것은 정확한 비례를 필요로 한다. 그러므로 어떤 생명체가 아름답다고 하면 거기에는 반드시 균형이 존재한다." 균형이란 부분들 사이에 혹은 전체와 부분들 사이에 양과 질적인 면에서 정확하게 비례관계가 존재한다는 것을 뜻한다. 플라톤은 다른 곳에서 비례의 이념을 대칭의 개념과 연결시키기도 한다. 정확한 비례와 그것들의 균형으로부터 조화, 즉 "다양성 속의 통일성"(뷔트너 2006, 43)이 나오는데, 고대에는 무엇보다 이 개념을 통해 미를 표상했다. 이로써 전반적으로 르네상스까지 유효했던 미 개념의 근간이 형성된 셈이다. 폴란드의 철학자이자 미학자 브와디스와프 타타르키에비치(1886~1980)는 이것을 "미의 거대이론"이라고 부른다.(타타르키에비치 2003, 176)

이에 따라 아름다운 것은 부분들끼리 혹은 그것들과 전체가 조화로운 비례관계에 있는 것을 뜻한다. 이를 수적관계로 표현하건, 비례관계로 표현하건, 또는 그 밖에 어떤 설명이나 개념을 찾아내건 아름다움은 주관적인 자의와 무관한, 뭔가 객관적인 것으로 파악되었다. 비례의 법칙을 적절하게 고려하여 뭔가를 조화롭게 표현하면 아름답다는 인상이 필연적으로 생기게 된다.

그렇다면 조화란 정확하게 무엇을 뜻하는가? 조화의 개념은 고대의 사유 세계에서 중심 역할을 했던 신화와 문학으로부터 유래됐다. 호메로스의 영웅 오디세우스는 신의 은총을 받아 평화롭고 행복하게 살아가는 페아켄 민족의 왕국에서 많은 노래를 듣게 된다. 이 노래 중 하나가 전쟁의 신 아레스와 사랑의 여신이자 대장장이의 신 헤파이스토스의 아내인 아프로디테가 벌이는 불륜 스캔들이다. 헬리오스, 즉 태양의 신은 이들의 부도덕한 사랑을 목격하고 헤파이스토스에게 고해바친다. 헤파이스토스는 복수를 다짐하며, 끊을 수 없는 투명 쇠사슬을 아프로디테의 침대에 묶어놓는다. 아프로디테와 아레스가 사랑을 즐기려 하자 이들은 바로 쇠사슬에 묶여버린다. 헬리오스가 이 사실을 전하자 헤파이스토스는 현장으로 달려가, 모든 신들이 이 치욕의 순간을 목도하게 한다. 굴욕을 당한 두 남녀를 본 신들은 "호메로스의 작품에 자주 묘사되는" 박장대소를 금치 못한다. 그러나 이 이야기는 해피엔드로 끝난다. 포세이돈이 아레스를 용서해달라고 간청하자, 헤파이스토스는 쇠사슬을 풀어준다.(호메로스, 『오디세이아』, 8. 노래) 그러나 이 사건 때문에 그는 영원히 원한을 품게 되는데, 이 원한은 불륜에서 나온 아이에게 옮겨간다. 이 여자아이가 바로 하모니Harmonía이다. 신화 해석에 따르면 하모니는 치욕, 기만, 배신, 증오 그리고 무엇보다 폭력에서 태어난 아이이다. 조화와 폭력은 처음부터 서로 어울리는 한 짝이었다. '통합'을 의미하는 하모니는 상반된 것, 즉 아름다움(아프로디테)과 전쟁(아레스)의 결합이 만들어낸 결과이다. 하지만 그것은 수치스러운 결합의 산물이다. 그래서 이 치욕이 하모니를 늘 따라다닌다. 고대의 신화가 말해주듯 조화는 폭력에 의해 만들어진 상이한 것들의 일치된 어울림이다. 이것은 동일한 것이 운을 맞추거나 합해지는 것과는 달리 서로 다른 것들이 이뤄내는 화음이다. 조화를 이룬다는 것은 서로 배척관계에 있는 것들이 조화로운 전체를 만드는 것이다. 여기에 아름다움이 있다. 그러나 미적인 것을 넘어 넓은 의미에서 보면 진정한 조화를 이루려는 노력 뒤에는 항상 폭력이 숨겨져 있다. 왜냐하면 조화는 "결합되는 요소 외에 다른 것을 나타내는 차이는 전혀 용인하지 않기 때문이다."(카치아리 1995, 143) 그래서 개별적인 것은 오직 조화로운 전체와의 관계 속에서만 관찰대상이 된다. 그러므로 조화의 미는 항상 깨어지기 쉽고 위태롭다.

오늘날까지 조화 개념의 근간이 되는 생각들은 이미 신화 속에 다 표현되어 있다. 일찍이 피타고라스학파의 저술들에는 서로 같은 것이나 서로 유사한 것은 조화로울 필요가 없지만, 상이한 것과 유사하지 않은 것은 우주의 질서와 일치되기 위해 조화롭게 결합돼야 한다는 내용이 들어 있다.(뤼에크 1986, 176) 그런데 조화의 개념이 철학적으로, 미학적으로 형성돼가면서 신화 속에 내재되었던 폭력의 함의는 사라졌다. 피타고라스(기원전 570~510) 이후부터 조화는 음악이건, 건축이건, 수학이건, 기하학이건 수로 표현된 이상적인 비례관계를 나타낸다. 일정한 간격이나 혹은 19세기 이후 '황금분할'이라고 불리는 조화로운 수적 관계는 한편으로는 서로 다른 것들의 조화를 보장하는 근거로 작용하며, 다른 한편으로는 개인이나 공동체 속에 내재된 우주의 질서를 표현하거나 혹은 모사한

다.(케슬러 2007, 133 이하)

플라톤의 『티마이오스』에는 데미우르고스라는 세계의 창조자가 등장한다. 그는 세계가 완전함과 합리성을 가질 수 있게 조화로운 비례에 따라 우주를 창조한다. 이때 만물의 네 가지 근본 요소인 불, 물, 공기, 흙은 우주의 비례관계와 일치한다. 그러고 나서 같은 방식으로 인간을 구성하는 영혼, 이성, 신체의 상호관계뿐 아니라 이 요소들과 세계의 관계도 같은 비율로 결정된다. 이 비례를 통해 모든 것은 서로 조화를 이루게 되고, 개별적인 것들은 전체에서 그리고 전체는 개별적인 것들에서 자신을 다시 발견하며 대칭적 질서를 형성한다.(플라톤, 『티마이오스』, 31b–32a; VI, 48 이하) 이렇게 비례와 조화에 근거한 미는 인간에게 우주의 완전함을 입증하는 근거가 될 뿐 아니라 "자기 자신의 완전함을 표현"하게 된다.(케슬러 2007, 141)

고대 말 조화론이 새롭게 해석될 때에도 방식은 다르지만 인간이 중요한 역할을 한다는 점에서는 달라진 것이 없었다. 『철학의 위안』으로 잘 알려진 로마 후기의 기독교 철학자 보이티우스(480~525경)는 『음악에 대해서』에서 우리의 감성은 세계를 무질서하고 혼란스러운 것으로 지각하는데, 감성을 보완할 이성이 있어야 삼라만상에 내재된 통일성과 질서를 인식할 수 있다고 말한다. "감성과 이성은 조화를 만들어내는 도구로 취급될 수 있다."(아순토 1982, 166) 그래서 미의 인식은 이성의 성과인 것처럼 보인다. 비례를 따르고 조화로운 대칭의 복잡한 연관관계를 인식하는 것이 이성이며, 오직 이성만이 이것을 완벽하게 파악할 수 있다. 이로써 보이티우스는 훗날 미학 논의에서 중요한 역할을 하게 될 것을 오래

전에 언급한 것이다. 즉 아름다운 것을 적절하게 지각한다는 것은 인식의 행위이며, 여기에 결정적으로 참여하는 것이 감각이 아닌 이성이다. 비례의 논리는 이성의 구조와 일치하기 때문에 감각이 아닌 이성이 미를 인식하는 본래의 기관이 될 수밖에 없다.

균형과 빛

미의 비례이론, 즉 '거대이론'을 근본적으로 수정하고 보완한 사람은 후기 그리스 철학자인 플로티노스(205~270)이다. 신플라톤주의자인 그는 비례 개념을 비판하였다. 비례 개념은 전체의 아름다움은 인정하지만, 전체를 조화롭게 구성하는 부분들은 개별적으로 추할 수 있다. 플로티노스는 바로 이 점을 비판한다. 이 밖에 비례이론은 전체로 결합되지 못하는 개별적인 것들, 예를 들어 빛, 색, 금의 광채, 한밤의 번개 등이 왜 아름다울 수 있는지에 대해 설명하지 못한다.(플로티노스, 『엔네아데스』 I 6, 1) 또한 대칭들 중에는 아름답지 않은 것들이 얼마든지 있다. 그래서 플로티노스는 미의 결정적인 근거가 대칭이나 정확한 비례에 있지 않고, 어떤 대상에서 빛나는 광채와 광휘 그리고 그 대상의 현상과 형식에 있다고 보았다. 오직 형식을 갖고 있는 것만이 빛을 내며 아름답게 나타난다. 형식이 없는 것이나 형식에 어긋난 것들은 추하게 보일 뿐이다.(퓔트너 2008, 41 이하)

형식은 다시 정신의 원칙으로 파악될 수 있다. 즉 형식은 물질의 세계를 지배하며, 물질을 형상화하고 빛나게 하는 이념의 표현이다. 아름다움이 감각적으로 지각되면 우리의 감각뿐 아니라 정신도 이에 함께 호응한다. 바로 이 정신 때문에 사물들은 빛이 나고, 우리는 이 빛을 아름답게 느끼는 것이다. 플로티노스에 의하면 대상과 관찰자는 일치해야 한다. "어떤 눈도 스스로가 태양 같지 않으면 태양을 볼 수 없다. 이와 마찬가지로 영혼도 스스로 아름답지 않으면 아름다운 것을 볼 수 없다."(플로티노스, 『엔네아데스』 I 6, 9) 노년의 괴테(1749~1832)도 이를 일부 인용하고 있다. "눈이 태양과 같지 않다면/ 그것은 태양을 바라볼 수 없다./ 우리 안에 신성이 존재하지 않는다면/ 우리가 어떻게 신성에 매료될 수 있겠는가?"(괴테, 『괴테 전집』(함부르크 판) 1, 367) 아름다운 영혼은 불순함과 몰형식, 충동과 욕망으로부터 벗어나 내면의 빛이 발원하는 샘이 되었다. 이 내면의 빛은 사람들을 아름다운 모습으로 빛나게 한다. 플로티노스도 미와 선이 일치한다고 보았다. 플라톤은 감각적으로 지각하는 형식을 선과 일치하는 미의 이념으로 고양시켰다. 플로티노스는 플라톤의 이 생각을 그대로 계승하고 있다.

그러나 플로티노스는 주목할 만한 성찰을 통해 영혼의 아름다움을 존재의 다른 차원인 생명력과 연결시킨다. 그는 다음과 같이 질문한다. 아름다움의 빛은 왜 생기 없는 얼굴보다 생동감 넘치는 얼굴에 더 어울리는가? 이는 생기 없는 얼굴이 비록 아름다움의 특징들을 다 갖고 있더라도 마찬가지이다. 그는 계속 질문을 던진다. 대칭의 구조를 갖고 있지만 죽은 것 같은 입상보다 생기가 넘치는 입상이 더 아름다운 이유는 무엇인가? 그의 질문은 더 과감해진다. 추하게 보이지만 살아 있는 것이 심지어 아름다운 대리석상보다 더 아름답게 보이는 이유는 무엇인가? 플로티노스의 대답은 분명하다. 그것은 살아 있는 것만이 추구할 만한 가치가 있기 때문이다. 추구할 만한 가치가 있는 것은 영혼을 갖고 있기 때문이다. 영혼은 다시 선의 빛으로 채색되어 있고, 비례이론이나 대칭이론의 관점에서 말하자면, 균형이 결여된 곳에서도 아름다움의 빛을 발하게 한다.(플로티노스, 『엔네아데스』 VI 7, 22)

비록 신플라톤주의의 형이상학적 틀 안에 있긴 하지만 플로티노스는 이러한 성찰을 통해 미의 개념에 어느 정도 역동성을 부여하였다. 그 근거가 되는 것이 삶의 개념이다. 하지만 이것은 생물학적 의미나 혹은 욕망의 관점에서 이해되는 개념이 아니다. 그것은 영혼의 움직임이다. 그것은 아름다움이 현상되고, 이 아름다움이 빛과 광채를 내게 만드는 도덕적 행위의 표현, 즉 선을 의미한다. 우리는 이 미 개념의 영향을 18세기 빌란트(1733~1813), 괴테, 실러(1759~1805)의 "아름다운 영혼"이란 이념에서 다시 확인할 수 있다.

중세의 미 개념은 기독교 철학과 신학의 틀 안에 머물렀다. 여기서도 플로티노스의 역할은 중요하다. 당시의 미 개념은 두 가지 방향으로 규정된다. 그중 하나는 미의 중요한 기준을 정확한 비례, 즉 전체와 부분들 사이의 대칭이나 일치에서 찾는 전통이다. 이는 아우렐리우스 아우구스티누스(354~430)에서 시작되는데, 그는 키케로(기원전 106~43)의 미 개념을 따른다. 키케로는 우아한 색 외에 부분들의 일치, 특히 상이한 것들의 통일성을 중시하는 고전적 미 이론을 수용하고 있다.(푈트너 2008, 51 이하) 결국 아우구스티누스는 이 원칙들 속에 인간이 감탄하는 창조의 질서가 표현되어 있다고 생각한다. 창조의 섭리가 세계의 아름다움 속에 계시되는 것이다. 이 문맥에서 보면 아름다움은 "존재자의 자기표현Selbstdarstellung des Seidenden"으로 해석될 수 있다.(퓔트너 2008, 56)

미에 대한 중세의 또 다른 해석은 위디오니시오스(기원후 500년경)에서 연유하는데, 이는 플로티노스의 미의 형이상학을 연상케 한다. 아레오파기타는 미가 지닌 빛의 성격과 특히 아름다움 속에 빛나는 선을 강조한다.(퓔트너 2008, 56) 미와 선은 하나이며, 이 통일성은 빛이나 이와 연관된 메타포로 표현된다. 아레오파기타는 신 역시 빛의 형상을 가진 존재, 다시 말해 모든 것을 비추는 빛의 샘으로 본다.(에코 1991, 72) 이것은 태양을 신으로 숭배하는 의식이나, 태양이 선의 이념을 상징한다고 믿는 플라톤 식의 사유를 연상케 한다. 범신론적인 이슬람의(혹은 아랍의) 사유방식에서도 빛이나 찬란한 빛에 둘러싸여 있는 것은 미의 최고 경지를 가리킨다. 이러한 생각이 중세 후기 철학에 적지 않은 영향을 미쳤다는 사실을 간과해서는 안 된다.(에코 1991, 72) 이 전통에 입각하여 중세 미학을 "빛의 미학"이라고도 한다.(에코 1991, 67) 이 개념 없이는 고딕식 대성당이나 이와 연관된 스테인드글라스 종교예술을 논할 수 없을 것이다. 빛의 미학은 오늘날 기술적으로 대단히 발전했지만 그 모든 것은 근본적으로 여기에서 비롯됐다.

영국의 신학자 로버트 그로스테스트(1170~1253)는 흥미롭게 비례와 빛, 이 두 가지 미 개념을 결합시켰다. 링컨 주교였던 그는 미를 "사물 안의 일치와 비례 그리고 그것을 구성하는 부분들의 조화"라고 정의한다.(에코 1991, 74) 한편 그는 6일간의 창조과정을 다룬 논문이자 그의 대표 저서인 『헥사에메론Hexaëmeron』에서 "빛 그 자체가 아름다운 것은 그 본성이 단순하기 때문이다"라고 설명한다. 빛은 통일성을 가지고 있기 때문에 자기 자신과 "최대한 일치"한다. 빛이 아름다운 것은 바로 이 통일성과 일치 때문이다. 그러므로 빛은 어떤 형상을 갖고 있지 않아도 "그 자체로서 아름다우며 바라만 보아도 즐거운 것이다."(아순토 1982, 222) 그로스테스트는 이렇게 비례의 미학과 빛의 미학을 종합했을 뿐 아니라 빛의 현상을 지향하는 미의 존재론을 기획했다. 유출론적인 세계상도 바로 여기서 나온 것이다. 이에 따르면 세계는 충만한 빛 에너지에서 발생했고, 세계의 아름다움은 바로 이 빛에너지의 유출에서 나온 것이다.(에코 1991, 75)

고대의 미 개념은 중세에 와서 미를 "비례와 빛"으로 공식화한 플로티노스에 의해 보완된다. 이것은 르네상스 미학에서도 여전히 유효하다. 이 밖에 고대의 미 개념은 또 다른 것에 의해 보완되는데, 타타르키에비치는 이것을 "형이상학적으로 완전한 미"라고 불렀다. 이에 따르면 아름다움의 빛은 창조주에서 비롯된다.(타타르키에비치 2003, 186) 중세에는 미에서 "진과 선을 직관할 수 있다"는 고대의 생각을 계속 고수했지만, 이 생각은 그리스도론적인 요소에 의해 확장되기도 하고, 또 부분적으로 제한되기도 했다. 이렇게 아름다움의 빛과 광채는 엄격한 합리성의 제약에서 벗어난 빛의 힘으로 이해되었다. 그것의 궁극적인 원인은 신일 수밖에 없기 때문에 신은 미의 마지막 원인이자 규정 근거가 된다.

르네상스 시대의 미

르네상스 시대의 지배적인 미 개념은 여전히 고대와 기독교적인 전통을 따른다. 이 점에서 르네상스는 거대이론이 마지막으로 유효했던 시대이다. 그러나 예술을 사랑하고 삶을 긍정하며, 무엇보다 창조적이었던 이 시대에 중심은 다른 데 있었다. 미는 자연의 특성으로만 간주되지 않았다. 미는 무엇보다도 예술작품을 통해 도달하려는 인간의 이상, 심지어 예술을 통해 자연을 능가하려는 이상으로 생각되었다. 이로써 예술과 예술가가 처음 미 담론의 중심에 서게 되었다. 대주교이자 위대한 휴머니스트인 피에트로 벰보(1470~1547)가 친구인 라파엘로(1483~1520)를 추모하며 쓴 비문은 이러한 변화를 잘 보여주고 있다. "여기 살아 있을 때는 자연이 경외했고, 그가 죽었을 때 자연도 같이 죽고자 했던 라파엘로가 누워 있다."(바르텔스 2004, 90) 예술가에 의해 창조된 아름다움은 자연을 능가할 뿐 아니라, 더 나아가 자연의 미는 예술을 통해서만 가시화될 수 있다. 예술이 없으면 자연은 아무것도 아니다. 미는 이제 예술에 의해 충족되고, 현실을 측정할 수 있는 이상적인 규범으로 생각되었다.

이 규범에서 중심 역할을 한 것은 여전히 거대이론의 원칙들이다. 르네상스에 통용되던 미 개념의 핵심은 정확한 비례이다. 비례이론은 필리포 브루넬레스키(1377~1446)와 레온 바티스타 알베르티(1404~1472)가 개발한 중앙투시법과 결합되면서 더 발전하였다.(예거 1990, 61) 미를 수적인 비례관계로 규정하는 데 근거가 된 것은 비트루비우스(기원전 1세기경)의 『건축 십서』이다. 기원전 1세기 말 로마의 건축가 비트루비우스가 쓴 이 책은 일반인들에게 계속 알려져 왔지만, 르네상스 시대에 다시 수용되면서 큰 의미를 갖게 됐다. 비트루비우스가 제시한 척도와 수적 관계는 완전한 미의 전범이 되었다.

비트루비우스의 관심은 무엇보다 비례의 이론을 "잘 조형된" 인간의 신체에 적용하는 것이었다. 레오나르도 다빈치(1452~1519)에서 알브레히트 뒤러(1471~1528)에 이르기까지 수많은 예술가들에게 영감을 주었던 "비트루비우스 인간"은 똑바로 서서 두 다리를 벌리고 양팔을 쭉 뻗으면 하나의 원(혹은 사각형) 안에 들어가게 된다. 재수용된 플라톤 철학을 신봉하는 르네상스의 예술 이론가들은 비례이론을 보편적인 우주 조화론으로 변형시켰다. 이러한 변화 속에서 원래 인간에게만 해당됐던 미의 법칙들은 세계나 우주에도 적용되었고, 이것들의 질서를 보장하는 합법칙성의 표현으로 설명되었다.(예거 1990, 64 이하)

고대의 미 개념에 또 다른 의미를 부여한 사람은 마르실리오 피치노(1433~1499)이다. 메디치(1389~1464)의 조언에 따라 플라톤의 『향연』을 번역하고 주해한 당대 최고의 인문주의자인 그는 고전적인 비례이론에서 출발했지만, 무엇보다 청각 영역에 적용되는 조화이론을 세워 그것을 보완하였다. 하지만 그는 아름다움 속에 정신적 원칙이 있으며, 이것이 우리로 하여금 아름다운 것을 동경하게 만드는 근본적인 이유라고 생각했다. 피치노에 따르면 미에 대한 동경은 사랑이며, 사랑이 열망하는 미는 도덕적으로 선한 것이다.(피치노 1984) 이로써 고대에 원래 하나였던 미와 선의 일치가 다시 중요하게 됐지만, 피치노의 정신화된 미는 육제적인 것과 감각적인 것을 초월한다는 점에서 삶을 긍정하고 감각적인 것을 중시했던 르네상스의 엘리트들 중에서 소수의 입장만을 대변할 뿐이다.(예거 1990, 78)

예정 조화

거대이론에서 아름다운 것이란 수많은 것들 사이의 객관적 통일성, 비례의 일치 그리고 세계나 우주와도 일치하는 조화로운 전체이다. 이 거대이론은 17세기 고트프리트 빌헬름 라이프니츠(1646~1716)의 철학에서 마지막으로 전성기를 맞는다. 형이상학과 신정론의 복잡한 배경은 차치하고 생각하면, 그의 사유의 출발점은 육체와 영혼 사이에 존재하는 오묘한 관계에 있다. 라이프니츠는『자연 그리고 실체들 간의 교류에 관한 새로운 시스템 그리고 영육 간의 연결』(1695)에서 영향이론이나 인과론과는 달리 육체와 영혼이 동시성을 갖는다고 주장한다. 그에 따르면 영혼과 육체는 시간을 맞춘 시계처럼 상호간에 인과적인 영향이 없는데도 불구하고 동일하게 움직인다. 또한 이 "일치의 가설"을 통찰한 사람들은 이것이 가장 이성적인 이론이며, "우주의 조화와 신의 완전한 작품에 대해 갖게 되는 경이로운 이념"이라는 것을 인식하게 된다.(라이프니츠 1985, I, 223)

라이프니츠는『새로운 시스템에 대한 해제』에서 이 가설을 좀더 자세하게 설명하면서 유명한 명제 하나를 철학사에 남긴다. 즉 모든 실체들은 자신의 법칙을 따르지만, 다른 모든 것들과도 일치한다. 그는 이 가설을 "신기神技"가 만들어낸 "예정 조화"(라이프니츠 1985, I, 241)라고 부른다. 육체와 영혼 사이의 조화와 세계 전체를 이루는 부분들 사이의 조화는 만들어지는 것이 아니라 처음부터 미리 정해져 있는 것이다. 라이프니츠는 죽기 2년 전에 외젠 공에게 헌정한 「이성에 근거한 자연과 은혜의 원칙들」이란 아주 흥미로운 주제문에서 예정 조화의 개념을 "자연의 제국"과 "은혜의 제국" 사이의 관계로까지 확장시킨다. 그 결과 죄와 벌 그리고 덕과 그에 대한 보상 사이에도 처음부터 정해진 조화의 관계가 존재하게 된다. 신을 경험한다는 것은 곧 예정된 조화를 통찰하는 것이다. 미적 경험도 이 경험과 비슷하게 생각할 수 있다. 이로써 논리의 순환은 미에서 종결된다. 예를 들어 음악이 우리 마음에 들고 우리의 "감각에 즐거움"을 주듯이("물론 음악에서 아름다움은 음들의 박자나 진동수의 일치에 있지만", 다시 말해 거기에는 수적 관계로 표현할 수 있는 비례와 우리의 감각적 경험 사이에 조화와 일치가 있지만) 예정된 조화를 인식하게 되면 신에 대해서도 어떤 전제도 필요 없는 "무관심한" 사랑을 가질 수 있기 때문이다. 이 사랑이 주는 유용함은 따지지 않고 오직 그것이 주는 "기쁨"만을 생각하게 되면, 무한한 존재인 신을 온전히 인식할 수는 없더라도 "지복직관", 즉 복된 미래를 미리 느끼고, 직관하며 향유할 수 있다.(라이프니츠 1985, I, 435 이하) 라이프니츠는 이렇게 미의 경험과 형이상학적 진리의 경험을 서로 연결하였다. 그 결과 미는 신의 질서가 구현된 세계의 표현이라는 고전 이론이 완성된다. 한편 라이프니츠는 미를 경험하기 위한 조건으로 무관심성을 제시함으로써 18세기 미적 담론의 새로운 발전방향을 선취하였다.

제2장

미의 주관화

늦어도 18세기부터 미는 더 이상 객관적 합법칙성을 표현하지 않는다. 주체로의 전환과 함께 새로운 방향이 제시된다. 미는 이제 더 이상 대상의 성격이 아니라 주관적인 생각과 평가의 표현이 된다. 미는 관찰자의 눈에 달렸고, 무엇이 아름다운지는 개인적인 취미의 문제가 되었다. 때로는 자기만의 독자적인 미적 감각을 상정하는 경우도 있었다. 이제부터는 '취미', '자극', '쾌락', '자유' 등과 같은 개념들이 미의 담론을 지배하게 되었다. 여기에도 문제가 전혀 없는 것은 아니었다. 왜냐하면 주관적인 취미라도 일반성을 가지려 하기 때문이다. 아래에서는 미의 주관화와 이로 인해 생긴, 심지어 오늘날까지도 혼란스럽게 만드는 미결의 문제들을 살펴보고자 한다.

관찰자의 눈

거대이론은 18세기가 되면서 그 유효성을 상실하였다. 그 결과를 미의 감각화, 심리화, 주관화라고 부를 수 있다. 조화로운 질서 속에 있는 미를 분석하고 경험하는 기관은 더 이상 이성과 지성이 아니다. 미의 경험을 구성하는 것은 이제 감각 그 자체이다. "이성으로 파악했던 미는 이제 본능으로 파악하는 미가 되었다."(타타르키에비치 2003, 216) 이는 미의 철학적 개념이 결정적으로 변했음을 의미한다. 미는 더 이상 진정한 이념과 이상적인 비례의 감각적인 형상이 아니며, 또한 우주를 지배하는 법칙에 따라 상이한 것들이 이루는 조화로운 일치도 아니다. 미는 감각적으로 규정되는 주체성의 표현에서 비롯된 것이다.

스코틀랜드의 철학자 데이비드 흄(1711~1776)은 『취미의 기준에 관하여』(1757)에서 이 변화를 다음과 같이 설명하고 있다. "미는 사물 그 자체에 부여된 성격이 아니다. 미는 단지 그것을 바라보는 사람의 정신 속에 존재할 뿐이다."(흄 1990, 78) 이로써 흄은 객체에서 주체로의 전환을 주도한 미학의 선구자가 되었다. 미의 기준이 아니라 언제 그리고 어떤 조건 하에서 어떤 것을 관찰자가 아름답게 느끼는가의 문제가 가장 중요한 관심사가 되었다.(뤼에 1996, 216) 따라서 흄은 어떤 사람이 아름답게 느낀 것이 다른 사람에게는 흉물스럽게 보일 수 있다고 생각했다.

흄의 이 생각은 미는 "보는 사람의 눈에 달려 있다"라는 자주 인용되는 문구를 통해 대중화되었다. 그러나 흄이 이와 관련하여 감정이 아닌 정신mind을 언급했다면 거기에는 그럴 만한 충분한 이유가 있다. 샤프츠버리(1671~1713)나 프랜시스 허치슨(1694~1746)처럼 흄도 아름다운 것을 느끼는 감정이 미적 취미능력의 토대라고 생각했다.(뤼에 1996, 12) 그러나 이 감정은 교육과 연습, 비교와 지식을 통해 연마되고, 더 정확한 판단력을 갖게 된다. 이를 통해 흄의 철학은 미의 주관화를 다시 상대화시킨다. 취미가 따르는 법칙들은 보편적이지만, 삶의 조건이 다 다르고 아름다움을 느끼는 감각은 상이하게 각인되어 있기 때문에 그 법칙들 중에서 단지 일부만이 "느낀 것을 미의 기준으로 만드는" 자격을 갖게 된다.(흄 1990, 93)

감미로운 미

에드먼드 버크(1729~1797)는 흄이 『취미의 기준에 관하여』를 발표한 것과 같은 해에 『숭고와 미의 관념의 기원에 관한 철학적 연구』를 발표한다. 이 책은 미의 문제에 관한 한 가장 영향력 있는 연구서 중 하나로 꼽힌다. 시간이 지나도 늘 읽을 만한 가치가 있는 이 연구서에서 버크는 흄과 마찬가지로 논의를 취미에서 시작한다. 버크가 이해한 취미는 상상력의 산물인 작품이나 혹은 아름다운 예술에 반응하는 "감정 능력"이다.(버크 1980, 43) 버크가 중요하게 여긴 질문은 어떤 자극이 어떤 미적 감정을 불러일으킬 수 있는가이다. 그는 "자연적" 취미와 "습득된" 취미를 구분한다. 우리는 꿀은 달고, 식초는 시고, 알로에는 씁쓸하다고 느낀다. 이 느낌을 갖게 만드는 취미는 당연히 선천적인 것이다. 이것은 누구에게나 다 해당된다. 이와 마찬가지로 우리는 단 것은 좋지만 쓴 것은 불쾌하게 느낀다. 이렇게 취미가 내리는 근본적인 판단도 천부적인 것이며 모든 사람에게 두루 적용된다. 그러나 특정한 감각만을 선호하게 만드는 취미는 후천적으로 습득된 것이다. 예를 들어 어떤 사람은 설탕보다 담배를 더 좋아하고, 어떤 사람은 "손상된 미각" 때문에 우유가 쓰고 설탕이 시다고 할 수 있다. 이런 경우를 제외하면 대부분의 사람들은 동일한 취미 판단의 원칙을 가지고 있다. 만약 판단 내용이 서로 다르다면 그것은 취미가 달라서가 아니라 자연적인 감수성이 정도의 차이를 보이거나, 아니면 대상을 지각하는 주의력의 정확도와 지속성에서 차이가 나기 때문이다.(버크 1980, 54)

버크는 취미능력의 원칙적인 구조에 뒤이어 우리의 감각에 강한 인상을 주는 이념과 표상, 다시 말해 (현실적 혹은 가상적) 고통과 즐거움을 주는 이념과 표상에 대해 질문을 제기한다. 버크는 이 표상으로 보존과 교제를 언급한다. 우리의 모든 열정은 이 두 가지 목적 중 하나에 부합한다. 자기 보존의 문제가 대두되면 우리는 늘 고통, 위험 혹은 죽음과 같은 표상을 갖게 된다. 이것들은 우리의 마음이 심한 공포에 휩싸이게 만든다. 인간은 누구나 자기 존재가 위협을 받게 되면 공포와 전율을 느낀다. 이에 해당하는 미적인 명칭이 숭고이다. 위협이 단지 허구에 불과하다면 이 감정은 우리에게 유쾌함을 준다. 한편 교제, 다시 말해 다른 사람들과의 삶이 문제가 되면, 그것은 무엇보다 성적 교환, 즉 섹슈얼리티에 대한 표상이다. 더 일반적으로 말하면 그것은 우리에게 즐거움과 쾌락을 주는 사랑이다. 열정적으로 체험한 감각적 즐거움에 대한 표상을 미적으로 표시하면 그것이 미이다.

버크는 감각적이고 사교적인 삶에서 발생하는 긍정적인 감정보다 자기보존이라는 개념에서 나온 열정적 감정이 훨씬 더 강할 수 있다고 주장한다. 자신의 실존을 위협하는 공포가 감각적인 쾌락이나 종족번식을 위한 선택보다 더 강렬한 열정의 감정이다. 숭고한 것, 무서운 것, 위협적인 것 그리고 공포를 자아내는 것은 아름다운 것보다 더 강한 미적 자극이다. 통속적으로 표현하면 바로 이 강한 자극 때문에 공포가 섹스보다 더 매력적인 것이다.

버크는 사물이나 인간의 객관적인 자질이 우리 안에서 숭고나 미의 감정을 불러일으킨다고 주장한다. 무엇이 우리 마음에 드는지, 무엇이 우리에게 공포를 불러일으키는지, 그것은 꼭 우리의 감정에 달린 것이 아니다. 큰 것, 어두운 것, 거대한 것, 무한한 것, 웅장한 것, 돌발적인 것, 굉음과 텅 빈 것 등은 숭고한 대상이나 상황을 나타내는 성격이다. 버크는 미의 성격도 이와 비슷하게 규정했지만 자기가 규정한 미의 자질들은 고전적인 미의 성격과 일치하지 않는다고 강조한다. 미의 특징은 비례나 조화가 아니다. 그렇다고 유용함이나 완전함도 아니다. 사랑의 감정을 유발하기 때문에 아름답게 느끼는 것은 그것들과는 전혀 다른 성격을 갖고 있다. 즉 그것은 작고, 표면이 매끄럽고, 감미롭고, 경계가 자연스럽고, 색조가 밝고 맑지만 너무 강렬하거나 눈부시지 않은 것이다. 버크는 놀랄 만한 사례를 들어 이러한 미 개념이 일상에서 어떻게 표현되는지를 설명한다. 사랑의 감정을 불러일으키기 때문에 아름답게 느껴지는 사람은 어떤 모습인가? 버크에 의하면 그것은 머리를 약간 옆으로 기울이고, 눈꺼풀은 반쯤 내리고, 입은 약간 벌린 채 나지막하게 숨을 쉬며 이따금씩 탄식의 소리를 내는 여성의 모습이다. 이 모든 것은 감동과 연약함과 같은 내적 감정을 동반한다.(버크 1980, 192) 물론 이것은 18세기 영국 신사 버크의 눈에 비친 당시의 여성상이다. 그러나 그가 열거한 특징 중에서 일부는 여전히 유효한 것 같다. 오늘날 많은 여성 모델들이 연출하는 소녀 패턴을 생각하면 쉽게 알 수 있다.

18세기 들어 미는 미적 취미에 부합하는 개념이 되었다. 많은 철학자들은 각자 미의 의미에 대해 다양한 개념들을 제시했지만, 미를 지각하고 판단하는 능력이란 대상의 맛을 "느끼는" 능력이며, 그 대상이 불러일으키는 (긍정적 혹은 부정적) 감정에 따라 판단하는 능력이라는 생각이 최종적으로 관철되고 인정되었다. 스위스의 철학자 줄처(1720~1779)는 『아름다운 예술에 대한 일반론』에서 아름다운 것을 느끼는 능력이 취미라고 정의하였다.(줄처 1774, 461)

무관심한 만족

관찰자의 입장에서 미를 정의한다고 해서 미가 완전히 임의적인 것이 되거나, 개인의 자의에 따라 변할 수 있다는 뜻은 아니다. 흄이 이미 인식했듯이 취미는 특정한 규칙들에 따라서 기능하며, 세련된 감각을 만드는 능력이 근본적으로 여기에 속한다. 취미는 여러 자극과 대상들을 많이 다루면 다룰수록 더 확실하고 더 높은 수준의 판단을 내리게 된다. 미적 경험을 취미에 근거하여 설명하려는 노력은 임마누엘 칸트(1724~1804)에 와서 가장 높은 수준의 체계를 갖추게 되었다. 칸트는 1790년에 출간된 『판단력 비판』에서 미적 지각능력, 즉 판단할 수 있는 자격을 갖춘 감각적 지각을 취미라고 불렀다. 흄처럼 칸트가 사용하는 미적 취미의 개념은 우리가 일상에서 흔히 말하는 '맛을 보다'의 의미에 가깝다. 더 정확한 정의를 살펴보면, "취미는 어떤 이해도 전제하지 않고 만족과 불만족을 통해 대상이나 표상방식을 판단하는 능력이다. 그러한 만족의 대상을 아름답다고 한다."(칸트, 『판단력 비판』 § 5; X, 124) 요식업계의 용어로 바꿔 표현하면 순수한 취미는 맛 그 자체 때문에 맛을 느끼는 것이다. 어떤 허기나 갈증도, 즉 어떤 이해도 충족되어서는 안 되며, 또한 어떤 필요도 해소되어서는 안 된다. 취미는 주관성의 표현이지만, 취미를 순수한 상태에서 분석 대상으로 삼기 위해서는 무관심의 명제가 요구된다. 이해나 필요가 개입되면 대상은 판단의 대상이 아니라 즐기는 것이 된다. 미적 만족, 즉 미의 경험은 향유나 쾌락의 감정과는 다르다. 이와 마찬가지로 미적 불만족도 불쾌, 혐오, 거부감과는 다르다. 만족과 불만족은 순수한 취미가 표현된 형태이다. 여기서는 대상이나 표상을 도덕적, 이론적, 육체적, 정치적, 성적인 관심 없이 오직 감각적으로 지각할 수 있는 그것의 외적 형태에 따라 경험하는 것이 중요하다.

취미와 취미 판단은 다르다. '이것이 마음에 든다' 혹은 '저것이 마음에 든다'는 식으로 자신의 만족감을 표현했다면, 그것은 주관적인 취미가 느낀 것을 표현한 것에 불과하다. 여기에는 크게 주의를 요할 만한 것이 없다. 단지 개인적인 이유로 그 감정을 표현한 사람에게 호의를 갖든지 아니면 무관심하든지 그게 전부이다. 어떤 사람의 경우에는 특정 화가가 마음에 드는 사람과는 상종도 하고 싶지 않다고 반응할 수 있다. 그러나 '이것은 아름답다' 혹은 '저것은 아름답다'와 같은 취미의 표현이 판단의 형식을 갖게 되면 그 순간 이것은 전혀 다른 요구와 연결된다. 주관적이고 구속력 없는 상태를 넘어서 일반성을 부여하는 계기가 주어지게 된다. 칸트에 따르면 취미 판단 자체는 다른 사람들의 동의를 상정할 수는 없지만, 그들에게 "일치"를 "강요한다."(칸트, 『판단력 비판』 § 8; X, 130) 미적 선호의 문제에 있어서 사람들은 다른 사람들도 나와 비슷하게 혹은 거의 같게 느낄 것이라고 믿고 싶어 한다. 이를 감안하여 칸트는 미를 다음과 같이 규정한다. "아름다운 것은 개념 없이 필연적으로 만족감을 주는 대상으로 인식된다."(칸트, 『판단력 비판』 § 22; X, 160)

'아름다운' 것으로 분류되는 대상은 우리의 관심, 욕구, 증오를 자극하지 않고 '무관심하게 만족'하는 우리의 판단력에 반응하는 것들이다. 자연이건 인간이건 혹은 인간의 작품이건 모든 대상은 이렇게 원칙적으로 아름다울 수 있다. 자연은 특정한 목적을 따르며, 특별한 조건 하에서만 인간에게 목적 없이, 즉 아름답게 나타난다. 반면 예술작품은 오직 무관심한 만족을 불러일으키기 위해 만들어진 대상이라고 할 수 있다. 즉 예술작품은 수용자의 미적 판단력 외에 어떤 다른 것에도 호소하지 않는다. 다시 말해 그것은 어떤 목적도 추구하지 않지만 합목적적이다.

그러나 칸트의 "무관심한 만족"은 당대에 이미 거센 비판에 부딪혔다. 요한 고트프리트 헤르더(1744~1803)는 『칼리고네』에서 관심 없이 마음에 들 수 있는 것은 어떤 것도 없다고 반박했다. 그에 따르면 미는 느끼고 지각하는 사람들에게 "최고의 관심 대상"이다.(헤르더 1800, 37) 칸트의 주장대로라면 인간은 아름다운 것에 대해 주관적이지만 동시에 무관심한 판단을 내리는데 그 판단이 서로 일치한다. 하지만 칸트의 설명으로는 판단이 왜 일치하는지 그 이유가 완전히 밝혀지지 않는다. 미적 취미 판단은 주관적인 경험에 기초하지만, 한편 구속력과 일반성을 요구한다. 이 점을 설명하기 위해서는 "무엇이 마음에 들고 무엇이 마음에 안 든다"는 문제를("감정"에 근거하지만 "보편타당하게") 규정할 수 있는 어떤 원칙이 전제되어야 한다. 이 원칙을 칸트는 "공통감"이라고 부른다. 칸트에 의하면 취미 판단을 내릴 수 있다고 믿는 우리의 "자만"은 이런 공통감을 필연적으로 전제한다. 다시 말해 이 공통감은 감정을 따르기 때문에 불확실하지만, 그럼에도 불구하고 우리는 이상적인 미의 규범이 되는 공통감을 통해 서로 연결되어 있음을 느낀다. 이것이 없다면 미에 대한 감정을 다른 사람들과 나누거나 혹은 나눌 수 있다는 생각은 그 자체가 넌센스일 것이다.(칸트, 『판단력 비판』 § 20; X, 157 이하) 칸트는 버크와는 달리 미가 우리를 서로 연결시킨다고 생각했다. 달리 표현하면 우리는 미 안에서 서로 연결되어 있음을 느끼게 된다.

칸트는 미를 무관심한 만족과 연결시켰기 때문에 미적 판단력에 도덕적, 실천적 의미를 부여할 수가 없었다. 미와 선의 오랜 일치가 이제 완전히 해체된 것처럼 보인다. 그러나 칸트는 이 둘 사이의 불가피한 접점은 더 이상 존재하지 않지만 미의 경험을 도덕에 근접시키려는 노력을 완전히 포기하지는 않았다.(칸트, 『판단력 비판』 § 59; X, 294 이하) 그 이유는 자율적이고, 목적으로부터 자유롭고 구속력을 요구한다는 점에서 취미 판단의 요구와 실천이성의 요구가 서로 유사하게 보이기 때문이다. 자연이나 예술 속의 아름다운 대상에 도덕적 판단에서 나온 서술어를 붙여보면 우리는 미와 선의 유사성을 쉽게 이해할 수 있다. 예컨대 우리는 건물이나 꽃들을 "위엄이 있다”, “훌륭하다”라고 칭하며, 어떤 풍경을 두고 “정겹게 웃음 짓는” 경치라고 말한다. 심지어 “순수하고, 소박하고, 사랑스러운” 색깔이라고도 한다. 칸트에 의하면 그 이유는 이것들이 도덕적 판단이 일으키는 감정들과 유사하기 때문이다.

현상 속의 자유

칸트의 동시대인들은 이러한 미와 선 사이의 느슨한 연상에 대해 불만스러워 했다. 미와 도덕적 요구 사이의 관계를 좀더 세분해서 생각하려 했던 사람이 실러이다. 친구 크리스티안 고트프리트 쾨르너(1756~1831)에게 보낸 편지에서 실러는 미 이론에 대한 요강을 기획하고 있다고 밝히지만 끝까지 완성하지는 못했다. 「칼리아스 편지」라고 알려져 있는 이 텍스트는 독일 이상주의 미학에 중요한 자료로 간주된다. 여기서 실러는 처음부터 미를 “감각적이면서 객관적”(실러 1993, V, 394)인 것이라고 생각했기 때문에 그의 미 이론이 다른 일반 이론들과 다르다고 역설한다. 실러는 미가 오성으로부터 연역될 수 없을 뿐 아니라, 취미의 주관성으로도 환원될 수 없음을 입증하려 했다. 아름다운 것은 직관적 경험이 없이는 생각할 수 없기 때문에 감각의 영역에서 유래한다. 한편 미는 객관적인 것의 계기가 필요하다. 왜냐하면 이것 없이는 임의적인 것이 되기 때문이다. 실러는 미를 통해 표현되는 이 구속력 있는 계기를 자유라고 보았다. 혹은 이 편지에서 핵심을 짚어 표현했듯이 “아름다움은 바

로 현상 속의 자유이다."(실러 1993, V, 400)

이 설명은 명료하지만 다분히 오해의 소지가 있다. 그래서 실러는 이것이 잘못 해석되는 것을 막고자 했다. 자주 인용되는 이 문구는 인간의 자유가 감각적인 매체를 통해 나타날 때 아름답게 지각된다는 뜻이 아니다. 자유는 행동이 순수한 형태의 의지와 일치된 것이다. 실러는 자유는 도덕으로서, 즉 실천으로서 실현된다는 점을 분명히 했다. 하지만 무언가가 마치 자유의 표현이며 그 결과인 것 같은 인상을 줄 수가 있다. 이것을 우리는 아름답다고 말한다. 우리가 무엇인가를 아름답게 경험했다면 그것은 단지 자유라는 허구이거나 상상일 뿐이다. 실러는 이를 다음과 같이 명확하게 표현하고 있다. "자연의 산물은 그것이 예술처럼 자유롭게 나타날 때 아름답다. 예술의 산물(예술작품)은 그것이 자연의 산물을 자유롭게 묘사할 때 아름답다. 다시 말해 우리가 여기서 다루는 개념은 바로 묘사의 자유이다."(실러 1993, V, 426)

어떤 사물이 자기지시적이라는 의미에서 자유롭고, 외부의 강요에서 벗어나 있으며, 자유롭게 발전해나가는 것처럼 보이면, 자연이건 예술이건 우리는 그것을 바라보면서 아름답다는 인상을 받는다. 실러는 칸트가 미의 특징으로 규정한 목적 없는 합목적성을 약간 정치적인 의미로 해석했다. 실러는 이를 오늘날까지도 우리의 감탄을 자아낼 질문을 통해 설명하였다. 우리는 누군가가 옷을 멋지게 입었다고 언제 말하는가? 이에 대해 그는 "옷이 몸 때문에 그리고 몸이 옷 때문에 부자유스럽지 않을 때"(실러 1993, V, 420 이하)라고 창의적이면서도 명쾌하게 대답한다. 몸에 끼지 않는 옷이나 옷을 볼품없게 만들지 않는 몸. 이 문구는 유행이라는 현상 속에서 인간의 아름다움이 무엇인지를 잘 설명해준다.

자유와 현상의 관계는 도덕 그 자체에도 해당된다. 이것은 실러가 의도적으로 칸트에 대해 상반된 입장을 취한 부분이다. 칸트와 달리 실러는 "도덕적 아름다움"과 같은 것이 있다고 생각했다. 이 아름다움은 어떤 사람에게 도덕적 의무가 마치 본성처럼 당연해졌을 때 나타난다. 다시 말해 도덕적 아름다움은 선이 실천이성의 고려에서 비롯되지 않고, 자기 스스로, 자기로 인해 당연하게 나타날 때 생기게 된다. 실러는 성찰하지 않고도 도덕적으로 올바른 행동을 하는 사람을 빌란트의 개념을 차용하여 "아름다운 영혼"이라고 불렀다. 아름다운 영혼은 도덕적으로 옳은 일을, 그것이 마치 자기의 본성인 양 실행한다. 실러에 따르면 아름다운 영혼 속에서는 감각과 이성 그리고 의무와 성향이 조화를 이룬다. "우아는 현상 속에 그것이 표현된 것이다."(실러 1993, V, 469)

제3장

모더니즘의 위치: 가상, 형식, 충동, 거리

19, 20세기 모더니즘에서 미는 더 이상 행복을 보장하는 역할을 하지 못한다. 낭만주의 이후부터는 추가 미 이론에서도 자주 언급된다. 미는 이제 점점 기능화 되어간다. 사람들은 미를 가상에 대한 의지로 생각할 뿐 아니라 인식의 가능성으로 간주한다. 또한 장식 없는 공허한 형식을 열광하거나 욕구의 충족을 의도적으로 유예하는 것을 아름답다고 하며, 이에 못지않게 미를 불길한 유혹으로도 경험한다. 아래에서는 낭만주의의 유약한 아름다움에서 시작하여 미를 거부하는 20세기 미학의 극단적인 태도에 이르기까지 미가 점차 마력을 상실해가는 과정을 살펴볼 것이다.

낭만주의와 미의 위기

모더니즘의 근본적인 특징은 “당연한 것의 상실”이다. 미도 이에 해당한다.(마예차크 2007, 89) 이러한 미의 가치절하는 이미 낭만주의의 미학 이론과 실천에서 시작되었다. 18세기 말 빌헬름 슐레겔(1767~1845), 프리드리히 슐레겔(1772~1829), 루트비히 티크(1773~1853), 노발리스(1772~1801), 그리고 다른 낭만주의 작가들의 가슴을 용솟음치게 한 것들이 있다. 그것은 프랑스 혁명에 대한 열광, 예술의 힘과 자율성에 대한 믿음, 주체와 상상력의 강조, 미의 규범들을 무시한 문학적 실험에 대한 분방한 열정이었다. 미적 자기과잉과 미적 자기파괴는 하나의 강령이 되었다. 사람들은 삶이 미화되고 시가 현실에서 구현되기를 요구했다. 또한 예술은 종결될 수 없는 것으로 생각되었고, 단편Fragment의 형식이 최고의 미적 표현으로 양식화되었다.

프리드리히 슐레겔의 "진보적 보편시"는 이러한 의도들이 결집된 개념이며, 아이러니와 동경은 이 시대의 화두가 되었다.(슐레겔 1988, II, 114 이하; II, 248 이하) 노발리스와 호프만(1776~1822) 그리고 기이한 『보나벤투라의 야경꾼』을 쓴 익명의 작가와 같은 예술가들은 영혼의 어두운 측면과 꿈의 세계 그리고 비합리적인 것이 발산하는 매력을 발견하였다. 이들은 한 세기 후에 발표된 무의식에 관한 이론을 부분적으로 선취한 것이다. 낭만주의자들은 동서양의 고대 신화와 전설에서 시적 영감을 구했으며, 이것을 고루하고 도구화된 이성을 교정하는 수단으로 사용하였다.(자프란스키 2007, 89 이하)

낭만주의 예술과 예술론은 미가 더 이상 중심 가치가 아닌 현대 예술을 선취한 것이라고 할 수 있다.(리스만 1999, 43 이하) 미는 이제 다른 범주들로 대체되었다. 그중에서 가장 영향력이 큰 범주가 흥미이다. 프리드리히 슐레겔은 『그리스 시 연구』에서 흥미로운 것의 "잠정적인 미적 가치"는 인정했지만, 미의 객관적인 가치를 무력화시키는 범주라고 규정하였다.(슐레겔 1988, I, 66) 슐레겔에 따르면 흥미로움이 그렇게 흥미로운 것은 "일반성이 결여"됐기 때문이다. 흥미로운 것은 구속력 있는 미적 규범을 따르지 않으며, 어떤 객관적인 것도 구체화하지 않는다. 그것은 완전함이나 조화로움을 추구하는 대신 자신의 특별함을 과도하게 표현하며 자극을 유발한다. 흥미로운 것이 발산하는 힘은 "인위적인 것, 개성적인 것, 개인적인 것"의 힘이다.(슐레겔 1988, I, 84) 뭔가 비범하고, 일탈을 도모하며, 규범에서 약간 벗어나는 것은 흥미를 자아낸다. 흥미로운 것은 일상적인 것, 관습적인 것, 규범과 평균을 자신과 상반되는 것으로 보지 않고 그것들을 하나의 외피로 삼는다. 따라서 흥미로운 것은 그것이 평균값에서 벗어나는 방식 때문에 흥미로운 것이 된다. 미학적인 의미에서 보면 이것은 규범에서 벗어난 것이 현상되고 가시화되며 눈에 띈다는 것을 뜻한다.(리스만 2009, 101 이하)

그러나 흥미로운 것은 어떤 이상적인 기준도 제시할 수가 없다. 왜냐하면 흥미로운 것은 항상 더 흥미로운 것에 의해 추월되기 때문이다. 그러므로 흥미로운 것은 미에는 없는 역동성을 생산해낸다. 흥미로운 것은 늘 "격렬하고 강한 자극을 갈망하는" 취미를 필요로 하며, "자극적인 것"으로부터 "놀라운 것"과 "진부한 것" 그리고 "불쾌한 것"에 이르기까지 긴장의 상승곡선을 따라 움직인다. 불쾌한 것은 다시 "모험적인 것", "역겨운 것" 그리고 "끔찍한 것"으로 구분된다. 취미가 원하는 대상은 이제 미가 아니라 이러한 강한 자극들이다. 슐레겔은 "불쾌한 것"을 "죽어가는 취미의 마지막 경련"이라고 했지만, "충격"은 하나의 전략으로서, 하나의 반응으로서 미학의 중요한 구성요소가 되었다.(슐레겔 1988, I, 85)

명상으로서 미

낭만주의 외에 쇼펜하우어와 니체가 시도한 미의 성찰과 미학은 19세기 미학에서 중요한 의미를 지닌다. 아르투어 쇼펜하우어(1788~1860)의 철학은 인간이 시간, 공간, 인과율의 법칙에 완전히 얽매여 있다는, 즉 우리 존재의 물리적 조건 속에 완전히 종속되어 있다는 인식에서 출발한다. 존재를 제약하는 조건들 속에 갇혀 있는 상황을 표현한 개념이 바로 의지이다. 쇼펜하우어에게 의지는 자유의지가 아니라 우리의 제한적인 존재와 충동구조가 의식 속에 표현된 것이다. 쇼펜하우어에게 있어서 의지의 핵심은 우리가 벗어날 수 없는 본능의 중심, 즉 성性을 의미한다. 달리 표현하면 우리의 몸과 욕구가 의지의 현상이다. 시간, 공간, 인과율에 얽매여 있는 우리의 몸은 필연성, 욕망, 고통에서 자유로울 수 없기 때문에 참된 인식에 방해가 된다. 인간은 수시로 변하는 몸의 욕구를 대충이라도 충족시키기 위해 애를 쓴다. 따라서 일상의 욕망과 곤궁에 처해 있는 사람은 불변하는 이념의 진리에 몰두할 수 없다.

의지와 그리고 의지에 종속된 몸을 부정하는 것이 바로 인식의 조건이다. 쇼펜하우어는 미로써 의지를 부정할 수 있다고 보았다. 그는 예술이 미에 가장 가까이 있다고 생각했지만 미를 예술에 국한시키지는 않았다. 오직 아름다움만이 자신의 매력으로 잠시나마 인간을 사로잡을 수 있으며, 이를 통해 인간은 자기 존재의 제약과 의지와 몸의 요구를 잊을 수 있다. 미를 직관하는 경지에 도달하면 인간은 모든 욕망과 곤궁으로부터 벗어나게 되며, 그 결과 아름다움 속에서 진리를 인식할 수 있을 만큼 자유로워진다. 의지를 부정하는 과정은 "미적 명상"의 특별한 형태이다.(쇼펜하우어 1986, I, 265)

쇼펜하우어의 미학은 예술작품과 자연미 사이의 차이뿐 아니라, 미적 생산과 미적 경험 사이의 차이도 구분하지 않는다. "예술작품을 통해 얻은 미적 만족이건, 자연이나 삶을 직접 직관하여 얻은 미적 만족이건 이들은 근본적으로 같다."(쇼펜하우어 1986, I, 278) 미적 만족을 결정하는 것은 명상을 통해 시간을 멈추고, 인과율을 정지시키고, 공간을 초월하는 일이다. 이런 식으로 모든 것은 아름다워질 수 있다. 결국 모든 것은 주체의 노력을 통해 미적 관찰의 대상이 될 수 있으며, 주체는 명상을 통해 모든 대상에 침잠할 수 있다. 쇼펜하우어는 "미의 형이상학" 강의에서 존재하는 사물들은 모든 관계를 벗어나 순수하고 객관적으로 관찰할 수 있기 때문에 다 아름다울 수 있다고 주장한다.(쇼펜하우어 1985, 118)

이렇게 보면 미는 어떤 객관적, 형식적 기준으로도 규정할 수 없게 된다. 그만큼 미의 외연도 확대된다. 이것이 바로 쇼펜하우어 미학이 가지고 있는 반고전주의적 성격이다. 미는 더 이상 명확하게 규정할 수 없으며, 다의적인 것이 됐기 때문에 그야말로 아무것도 아닐 수 있다. 그래서 쇼펜하우어는 미를 더 이상 세분화하지 않는다.(포타스트 1982, 81) 의지를 자극하는지, 자극하지 않는지가 결정적인 기준이다. 그러므로 쇼펜하우어는 의지를 돋우는 "자극적인 것"과 "역겨운 것"을 미의 반대 개념으로 보았다. 자극적인 것은 욕망을 부추기고, 역겨운 것은 거부감을 불러일으키기 때문에 순수하고 무관심한 명상을 불가능하게 만든다.(쇼펜하우어 1986, I, 294 이하) 이러한 그의 미 개념은 예술이 탈구상화 되는 과정에 중요한 단초를 제공한다. 다시 말해 예술은 감정적, 육체적 욕구를 의식적으로 거부하고, 이 욕구에 맞서서 미적인 것에 전념하며 삶의 직접적인 이해관계를 모두 잊게 만드는 예술로 발전하게 된다. 순수한 색과 형식이 갖고 있는 명상의 계기는 추상화의 발전에 큰 역할을 했다.

가상에 대한 의지

프리드리히 니체(1844~1900)의 미 개념은 쇼펜하우어의 미 개념과 비슷하지만, 많은 부분에서 미를 급진적으로 재해석하고 있다. 니체의 철학은 『음악의 정신에서 나온 비극의 탄생』과 함께 시작된다. 그는 여기서 모든 예술적 경험을 설명하기 위해 아폴론적인 것과 디오니소스적인 것을 구분한다. 아폴론적인 것은 "꿈의 세계에 나타나는 아름다운 가상"을 가리키는 반면, 디오니소스적인 것은 "도취의 전율"을 나타낸다. 개인은 존재의 비탄에 빠지게 되면, 이 전율과 함께 "완전히 자신을 잊은 채" 멀리 사라져버리길 갈망한다.(니체, 『니체 전집』 1, 28 이하) 미의 본래 장소는 아폴론적인 것에 있다. 이것은 빛의 신, 태양신, 그리고 시의 신인 아폴론이 주관하는 영역이다. 디오니소스적인 것은 창조적인 힘의 어두운 이면을 가리킨다. 즉 이것은 개인이 자신을 부정하고 모든 경계를 벗어나 망아의 황홀지경에서 자기와 같은 인간이나 자연과 함께 하나가 될 때 방출되는 힘을 말한다. 이렇게 미는 초기 니체 철학이 근거로 삼는 복잡한 전략의 한 계기가 된다. 즉 “존재와 세계는 오직 미적인 현상으로만 설명된다”는 것이다.(니체, 『니체 전집』 1, 47) 니체의 이 근본 명제는 우리의 존재가 도덕적으로나 종교적으로 정당화될 수 없으며, 오직 미적 현상의 관점에서만 의미를 가질 수 있음을 지시한다. 다시 말해 세계가 예술로서 존재한다는 점을 암시하고 있다. 이로써 불행, 악, 부도덕, 신성모독도 미적 현상으로서 정당화될 수 있다.

그러므로 니체에게 예술은 생존을 위해 꼭 필요한 것이다. 즉 오직 예술만이 “존재의 끔찍함과 부조리에 관한 역겨운 생각”을 표상으로 바꿀 수 있다. 그래야 우리는 어떻게든 살아갈 수 있다.(니체, 『니체 전집』 1, 57) 왜냐하면 존재의 비탄과 무의미에 대한 진실은 너무나 잔인해서 인간에게 있는 그대로를 강요할 수 없기 때문이다. 이는 니체가 현대의 미학을 향해 던진 가장 본질적이고 급진적인 생각일 것이다. 그는 1888년에 출간된 유고집에서 이에 대해 다음과 같이 분명하게 밝힌다. “선과 미가 하나라는 말만큼이나 철학자에게 품위 없는 말은 없다. 진리도 마찬가지이다. 우리는 진리에게 매질을 해야 한다. 우리에게 예술이 있는 것은 진리와 함께 나락으로 떨어지지 않기 위해서이다.”(니체, 『니체 전집』 A 13, 500) 니체는 미를 경험하기 위해서는 “가상에 대한 의지”가 필요하다고 주장한다. 이렇게 미는 진리와 도덕을 거부하면서 다시 한 번 가상으로, 예술작품으로 제시된다. 아름다운 가상과 허구의 세계가 쇼펜하우어에게 인식을 가능하게 했다면, 니체에게는 생존을 가능하게 해주는 것이다. 살아남기 위해서 우리는 어쩔 수 없이 자기 자신을 기만하지 않을 수 없다. 의지는 이를 위해 미를 필요로 한다. 미의 형이상학에 대한 서구의 전통은 니체와 함께 끝난다. 미는 계속해서 미학의 주제로 남긴 하지만 형식의 문제로 축소되거나 아니면 사회비판적인 측면에서 그 유효성이 유보된다. 아래에서는 비록 완전하지는 않지만 이와 연관된 몇몇 입장들을 소개하고자 한다.

형식미학

에두아르트 한스리크(1825~1904)는 미의 문제에 관해 주목할 만한 연구결과를 남긴 빈의 음악평론가이다. 신랄한 음악평론가로서 그는 누구보다 바그너의 숙적으로 알려져 있다. 1854년에 출간된 『음악적 아름다움에 관하여. 음악미학의 수정을 위한 기고』는 음악미학에 대한 그의 뛰어난 통찰력을 입증한 이론서이다. 이 책은 그를 모더니즘 음악의 격렬한 반대자라기보다는 오히려 그 대표자로 만들었다고 해도 될 것이다.(담냐노비치 1995, 717 이하) 음악의 사례를 중심으로 이루어진 이 연구는 미의 일반 이론에도 중요한 인식을 제공하고 있다.

한스리크의 주장에 따르면 미학 연구에서 우선시되어야 하는 것은 지각하는 주체가 아니라 아름다운 대상이다. 이 점에서 그는 객관적인 미의 이념을 신봉하였으며, 이 이념을 순수하게 형식적으로 규정했다. 이는 미적 판단의 근거를 주관적인 취미능력에서 찾는 칸트나 감정을 중시하는 낭만주의 미학에 대한 반발이다. 한스리크는 음악이 감정과 연관되어 있다는 일반적인 명제를 거부한다.

그에 따르면 음악은 감정을 특별하게 표현한 것이 아니며 또한 감상자의 감정을 불러일으키는 것도 아니다. 물론 아름다운 것은 일차적으로 감각을 자극하며, 여기서 감정이 발생하게 된다. 그러나 특별한 감각 하나하나를 느끼는 것 외에 아름다운 것을 아름답게 지각하는 기관은 감정이 아니라 "상상력"이다. 한스리크는 이를 두고 "오성의 눈으로 본다"고 말한다.(한스리크 1991, 4 이하)

"음악적인 이념", 즉 소리를 내며 자리바꿈을 하는 형식들은 음악에만 있는, 음악 특유의 것이다. 음악의 "근원적인 요소"는 "아름다운 소리"이고, 음악의 본질은 "리듬"이며, 음악의 재료는 모든 "음들"과 그리고 여기에 내재된 여러 "선율"과 "화성"들의 총합이다. 그리고 음악의 표현형식은 "다양한 음색"의 가능성에 의해 변주된다. 한스리크는 이러한 변수들로 음악의 형식과 내용을 규정하였다. 음악은 "확장, 소멸, 성급함, 주저함, 인위적인 혼합, 단순한 동반 등의 이념"을 표현할 수 있다. 하지만 이 이념들은 음악 고유의 수단에 적합해야 한다. 다시 말해 그것은 우리가 들을 수 있는 시간, 강조, 비례의 변화와 연결되어야 한다. 음악의 미적 표현은 우아한, 부드러운, 격정적, 역동적, 사랑스러운 혹은 신선한 등과 같이 다양하게 표현될 수 있다. 그렇지만 이 모든 개념들이 표현하는 음악적 사태는 도덕적이거나 혹은 다른 의미들을 연상시키지 않는다. 이 음악적 이념들 외에 다른 부차적인 의미를 경험하거나 느낄 수 있다. 한스리크는 그것들을 모두 "상징적"이라고 불렀다.(한스리크 1991, 14 이하)

한스리크는 미를 오직 형식적 관계로만 파악했다. 그러나 이것은 음악이나 예술에만 국한되지 않는다. 1865년 『형식학문으로서의 일반 미학』을 발표한 오스트리아의 미학자 로베르트 침머만(1824~1898)은 형식미학적 의미에서 자신의 생각을 개진하였다. 요한 프리드리히 헤르바르트(1776~1841)의 철학에서 영향을 받은 침머만은 예술작품뿐만 아니라 부부관계, 교육 그리고 국가에 이르기까지 여러 사회적 관계를 미적 관점에서 하나의 형식적인 원칙으로 파악했다. 침머만에 의하면 단순한 것은 어떤 것도 미적인 의미에서 우리의 마음에 들 수 없다. 오직 결합된 것만이 우리 마음에 들 수 있다. 그중에서도 우리의 마음에 드는 것은 오직 형식이다. 형식 외에 재료, 내용, 의미와 같은 것은 모두 미적으로 중요하지 않다.(침머만 1865, 21)

침머만은 이러한 명제들을 가지고 점차 그 의미가 뚜렷해져가는 형식미학의 초석을 놓았다.(비징 1997, 34 이하) 순수한 형식학문으로 이해되는 미학은 '미의 형태론'이다. 이러한 미학은 형식이 우리 마음에 드는지, 안 드는지만 밝히며, 우리 마음에 들거나 들지 않는 것이 있다면 그것은 조형 때문이라고 설명한다. 다시 말해 이것은 조형된 것 중에는 아름답지 않은 대상이 없다는 뜻이다. 무관심한 대상, 일상적인 것 그리고 의미 없는 것도 우리 마음에 들 수 있다. 왜냐하면 "해가 선한 사람이건 악한 사람이건" 모두의 머리 위에 떠 있듯이 "만족감을 주는 형식"은 어떤 것에도 치우치지 않고 중립적이기 때문이다.(침머만 1865, 30)

게슈탈트 심리학의 창시자 중 한 사람인 크리스티안 에렌펠스(1859~1931)도 이와 비슷하게 미를 규정한다. 그는 미를 "다양성 속에서 예감하게 되는 통일성"이라고 정의한다.(에렌펠스 1986, 410) 이 정의는 고전적인 비례와 조화이론과 달리 미의 개방성을 강조한다. 미는 부분들과 전체가 특별한 관계를 이루는, 스스로 종결된 형상이 아니라, 형식의 일치된 구조를 예감하지만 정확하게 표현하거나 설명할 수 없는 그런 형상이다. 이 설명은 미가 가지고 있는 특별한 성격을 부각시킨다. 즉 미는 언제나 논의의 대상이 될 수 있으며, 이를 통해 다양성 속의 통일성이 갖는 새로운 측면들이 계속 발견될 수 있다.

정보이론과 사이버네틱스의 영향을 받아 미를 객관적인 규격으로 규정하려는 노력들도 형식미학의 문맥 속에서 이해될 수 있다. 미국의 수학자 조지 데이비드 버코프(1884~1944)가 개발한 공식은 정보이론에 입각한 미학의 출발점으로 간주된다. 이 공식에 따르면 '미적 기준값(M)'은 조직(O)과 복잡성(C)의 관계에 의해 측정된다. M = O/C이다.(버코프 2003) 독일에서는 일찍이 막스 벤제(1910~1990)가 1960년대에 이 이론을 계승하였으며, 『미학』에서 새로 등장한 컴퓨터 기술과 연결하여 정보미학을 더 발전시켰다. 이 관점에서 보면 미는 한편으로는 잉여를, 다른 한편으로는 무질서나 우연성을 회피하려는 혼돈과 질서의 관계로 설명된다. 잉여는 지루함을, 무질서나 우연은 혼돈을 야기한다.

이 이론들에 따르면 '미의 형식들'은 어디에서 발견되건, 즉 자연이건 예술이건, 혹은 수학이건 우주이건 "질서에서 무질서로 그리고 무질서에서 질서로 넘어가는 과정"에 나타난다. 왜냐하면 "아름다운 현상들은 모두 특수한 것들"이기 때문이다.(크라머/캠퍼 1992, 21) 이로써 미는 매우 유동적인 성격을 띠게 된다. 즉 나타났다가 다시 사라지고, 무질서에서 생성됐다가 질서로부터 사라지는 그런 것이다. 무엇보다도 "여러 갈래들로 분화된 시스템들", 나무와 계통수, 뿌리와 삼각주 그리고 무질서와 질서의 경계에 있는 가변적인 구조들이 이 모델에 해당된다. 이 관점에서 보면 번개는 아름다움의 진수이다.(크라머/캠퍼 1992, 32 이하)

필요와 거부, 유혹과 위험

미에 대한 또 다른 접근법은 심층심리학의 충동이나 혹은 사회관계에서 유래된 이론들이다. 정신분석의 창시자인 지그문트 프로이트(1856~1939)는 예술 애호가였지만, 미의 경험에 관해서는 아주 조심스럽게 이론적 접근을 시도했다. 그러면서 그는 미를 우리의 충동구조로 설명할 수 있는 일련의 결정적인 단서를 제시하였다. 그는 1930년에 출판된 『문명 속의 불만』에서 정신분석은 "유감스럽게" 미에 관해 크게 언급할 것이 없지만, 미가 성적 감정에서 유래하는 것은 확실하다고 주장한다. 이에 따르면 미는 "목표를 달성하지 못한 억압된 충동의 대표적인 사례"이다.(프로이트 1982, IX, 214) 프로이트의 생각을 수용한 문학이론가 크리스티안 엔첸스베르거(1931~2009)는 미의 근원을 더 고차원의 즐거움을 얻기 위해 직접적인 욕구충족을 유예하거나 혹은 포기하는 인간의 능력에서 찾았다. 미는 "충동이 지향하는 목표로부터 거리를 유지하는 것"이다.(엔첸스베르거 1981, 210) 어린아이가 처음 미를 경험하는 것도 이 능력을 나타낸다. 이때는 미와 선이 아직 심리적으로 분리되어 있지 않다. 아이가 말을 잘 듣거나 혹은 조금씩 나이프와 포크로 식사를 하기 시작하면 사람들은 아이를 예쁘다고 하며, 이 행동을 착한 일로 분류한다.

프란츠 코페(1931~)는 이와 거의 상반된 입장에서 미를 정의한다. 즉 미는 욕구의 충족을 지연시키는 것이 아니라 상상 속에서 욕구의 충족을 미리 생각하는 가능성이다. 그러므로 미는 소망과 욕구를 가리키는 지표가 되지만, 동시에 이 욕구가 현실에서 실현되기 어렵다는 점을 말해주고 있다. 우리가 아름답게 느끼는 이유는 욕망의 충족이 연기됐기 때문이 아니라, 아직 실현되지 않은 욕망의 충족을 선취했기 때문이다. 이 이론에 따르면 욕구가 좌절된 것으로 그리고 충족되지 못한 것으로 나타나면 그 욕구는 추하게 느껴진다.(코페 1983, 156 이하)

아름다움은 성취와 좌절 사이의 경계뿐 아니라 공포와 즐거움의 영역에서도 찾을 수 있다. 이러한 생각은 라이너 마리아 릴케(1875~1926)의 『두이노 비가』에 아주 훌륭하게 표현되어 있다. "아름다움이란 우리가 힘들게 참아내야 할 끔찍한 것의 시작일 따름이다. 우리가 아름다움에 대해서 그토록 경탄하는 이유는 아름다움이 우리를 파괴하려고 천연덕스럽게 비웃고 있기 때문이다."(릴케 1987, I, 685) 미를 끔찍한 것이나 공포의 근원적인 경험과 연결하는 것은 오래된 전통이다. 귄터 안더스(1902~1992)는 이 전통에 합류하지만 정치적, 사회비판적 입장을 강조한다. 이러한 미적 숭고의 전통은 누구보다도 버크와 칸트에서 비롯되었다. 이 전통 하에서 안더스는 숭고(압도적인 것, 공포스러운 것) 자체를 미로 규정한다. 단 이를 위해서는 "숭고가 압도적인 힘을 행사하지 않을 것, 다시 말해 숭고가 멀리 떨어져 있어야 한다는 것"을 전제한다.(안더스 1984, 87) 안더스는 버크나 칸트와 달리 만족감을 주는 미와 위험한 숭고를 엄격하게 구분하지 않는다. 멀리서 위협하는 것, 즉 위험의 가능성은 그에게 미를 지각하기 위해 필요한 결정적인 단서이다. 압도적인 것이 인간에게 폭력을 가하지 않을 때 아름다움을 미적으로 경험할 수 있는 토대가 마련된다. "최소한의 거리가 있는 곳에서는 늘 미가 가능하다."(안더스 1984, 93) 거리를 사회적 차이라고 생각한다면 이 거리는 미의 필수조건이다.(리스만 1991, 229 이하)

그러나 안더스는 미를 경험하기 위한 근본 조건인 이 거리를 철저하게 비판한다. 이 거리를 사회적 관점에서 관찰하면 미의 경험은 바로 권력이나 압도적인 힘으로부터 안전하다는 뜻이다. 그러므로 미는 바로 힘없는 사람들이 하는 경험이다. 미는 자유롭지 못한 사람들이 압도적인 것을 지각하는 것이다. 또한 관용의 대상이 된 사람들의 지각이며, "살기 위해서 감탄하지 않을 수 없는" 사람들의 지각이다. 미는 피지배자의 관점에서 보면 권력의 찬란한 빛이며 지배의 표현형식이다. 특히 제2차 세계대전과 나치의 만행을 목도한 안더스는 미의 개념을 급진적으로 해체하려고 했다. "가스실 문은 열렸다가 다시 닫혔다. 오늘날 우리들에게는 '아름답게' 묘사된 거대함을 보는 것 말고 해야 할 더 중요한 일이 있다." 그러므로 미의 개념은 폐지돼야 한다.(안더스 1984, 88 이하)

테오도어 아도르노(1903~1969)는 『미학 이론』에서 미와 그리고 태고부터 두려움에 뿌리를 두고 있는 미의 근원 사이의 관계를 미의 성찰을 위한 출발점으로 삼았다. 안더스에게는 정치적 폭력이 두려움의 대상이지만, 아도르노에게 그것은 미로 환원시켜 통제해야 할 자연의 폭력이다. 미는 두려운 것에서 나왔기 때문에 그것보다 우위에 있지만, 두려운 것에 대해 무언가 "무력한 존재"로 남아 있다.(아도르노, 『전집』 7, 83) 우리는 미를 가지고 두려운 것을 추방하려 하지만, 아름다운 것 속에서 늘 그 두려운 것을 느낀다. 우리는 이것을 특히 "형식이 주는 강요"로서 감지한다. "우리를 눈멀게 하는" 것을 미적으로 체험하는 것이 여기에 해당한다.(아도르노, 『전집』 7, 84) 아도르노에게 아름다운 것은 단지 가상으로서 모든 형태의 화해를 시도하지만, 엄밀한 의미에서 그것은 불가능한 일이다. "미 때문에라도 미는 존재하지 않는다. 왜냐하면 그것은 더 이상 아름다운 것이 아니기 때문이다."(아도르노, 『전집』 7, 85) 『미니마 모랄리아』에 나오는 아름다운 여자에 대한 이야기가 말해주듯이 존재하지 않는 삶을 뛰어넘지 못하고 그저 그것을 대체하는 미는 자기 자신을 배반한다. 아도르노는 스탕달을 암시하며 다음과 같이 단언한다. 미는 이로써 자기 자신뿐만 아니라 다른 사람에게 한 행복의 약속을 저버린다.(아도르노, 『전집』 4, 195) 그러므로 미는 예술을 위한 규범도, 기준도 될 수 없다. 하지만 미는 지킬 수 없는 허황된 약속이긴 하지만 모순으로 가득 차고 찢겨진 세계에서 비판적 교정을 수행하는 하나의 수단이 될 수는 있다.

미의 약속은 지킬 수 없는 약속이며, 미는 성취가 아니라 단지 시작을 암시할 뿐이다. 이것이 미에 대한 네하마스의 중심 생각이다. 그에 의하면 아름다운 것에서 느끼는 기쁨은 선취의 기쁨이며, 현실이 아닌 상상의 기쁨이다. 종결되지 않은 미에는 위험의 계기가 도사리고 있으며, 우리는 이 위험에도 불구하고 기꺼이 거기에 빠지려고 한다. "사랑이 자극하듯이 미는 유혹한다."(네하마스 2007, 76) 미는 낯선 영역으로의 유인이며 유혹이다. 그러나 그것은 불안, 불확실, 모험 그리고 실망의 위험을 뜻하기도 한다.(네하마스 2000, 402) 미를 궁극적으로 규정하고 정의하려는 노력이 늘 계속되는 점이 바로 이를 반증한다. 이 노력은 미를 단순히 주관적 인상으로 축소하여 통제하려는 입장과 궤를 같이한다. 미의 이념은 미가 해체된 모더니즘 이후에도 여전히 도발적인 것으로 남아 있다.

제4장

미와 예술

예술이 아름다워야 하고 미가 무엇보다 예술 속에 구현된다는 생각은 널리 확산되어 있다. 그러나 예술이 이 요구에 부응할 수 없고 부응하려고도 하지 않기 때문에 사람들은 현대예술에 대해 유보적인 태도를 취한다. 예술이 아름다워야 한다는 것은 사실 서양 문화사와 정신사에서 짧은 기간에만 유효했던 생각이다. 현대는 말할 것도 없고 고대나 중세에도 예술은 반드시 미와 연결되지는 않았다. 예술에는 심지어 추한 요소들도 포함되어 있었다. 예술과 미 사이에는 어떤 복잡한 관계가 있었는가? 시간이 지나면서 이들 둘 사이에는 어떤 간섭이 일어났고, 어떤 차이가 생겼는가? 아래에서는 이 문제들을 선별된 질문 제기를 통해 설명하고자 한다.

예술과 모방

일반적인 선입견과 달리 고대 이후 서양 예술사에서 아름다운 것의 표현이 중요했던 시대는 거의 없었다. 모더니즘은 미를 중시하는 예술에 대해 대대적인 비판을 가했고, 심지어 예술 속에 표현된 미를 키치로 의심하였다. 20세기 들어서는 "더 이상 아름답지 않은 예술"(야우스 1968)이 하나의 강령처럼 선포되었다. 그러나 이는 미가 예술적 노력의 규범이나 기준으로 정해졌던 적이 거의 없었다는 사실을 망각한 데서 비롯된 생각이다. 일반적인 상식처럼 예술을 그저 아름다운 것으로 생각할 수 있는지, 다시 말해 “마음에 드는 색깔”, “부드러운 형식”, “감동적인 내용”(자이델 191/2008, 42)과 동일시할 수 있는지는 의문이다. 미를 거부하기 때문에 어려움이 많은 아방가르드 예술을 수용하기 어렵다는 생각도 의심스럽기는 마찬가지이다. 어쩌면 아름다운 것은 예나 지금이나 사람들이 예술에 대해 갖고 있는 기대 안에 존재하지만, 그렇다고 예술이 미로 축소될 수는 없다. 미와 예술은 늘 “어려운 관계”를 나타낸다.(자이델 191/2008, 41)

여기에는 두 가지 이유가 있다. 첫째, 서양의 전통은 미를 항상 넓은 의미로 이해해왔다. 그래서 여기에는 신적인 것도 자연도 모두 포함되며, 사물의 미나 인간의 미나 공히 다 아름다운 것으로 간주된다. 둘째, 원칙적으로 예술에는 아름다운 것을 창조하고 재생산하는 것 이상의 과제와 의도가 부여되었다. 예술이 생긴 이래 예술의 생산과 지각에는 정치, 종교, 인식, 교육, 오락 등의 동기들이 개입되었다. 예술, 숭배, 디자인, 수사학, 광고 그리고 오락 사이의 경계는 예나 지금이나 명확하지 않다. 미의 이론은 르네상스 시대와, 특히 18세기 후반과 19세기 초반에 발전했는데, 스스로를 미의 이론이라고 칭했던 철학적 미학의 틀 안에서만 예술과 미는 서로 하나가 되었다.(단토 2003, 7) 즉 예술은 미에 충실했고, 미는 오직 예술을 통해서 더 많이 경험될 수 있었다. 예술을 “미의 온상”(펠트너 2008, 69)으로 보는 이 입장은 엄밀한 의미에서 고전주의적이라고 할 수 있다.

그러나 고대 철학에서 예술이론의 전신이라고 할 수 있는 분야들은 미보다는 다른 관점들을 더 중시했다. 예컨대 플라톤은 예술을 학문적, 교육적 관점에서 취급했다. 그가 제기한 근본적인 질문은 가상 세계를 모방한 예술이 어떻게 이데아의 인식으로부터 멀어지는가이다. 시인을 이상 국가에서 추방하자는 그의 악명 높은 제안은 이와 같은 회의에서 비롯된 것이다. 플라톤은 무엇보다 『국가』 제3편에서 교육적으로 유용하고 진리에 이바지할 예술과 음악처럼 젊은이들의 긍정적인 감정과 정서를 함양할 수 있는 예술만을 인정했다.(플라톤, 『국가』 386a–476b; V, 87 이하)

아리스토텔레스의 『시학』은 일부만 전승되고 있지만 그 영향력은 오늘날까지 지대하다. 여기서 그는 시의 가장 중요한 과제가 모방(미메시스)이라고 설명한다. 아리스토텔레스의 말대로 이것이 왜 모든 예술에 적용되는지는, 예나 지금이나 여전히 논란의 대상이 되고 있다. 아리스토텔레스는 시 외에도 플루트 연주, 치터 연주, 무용을 모방으로 간주했다.(아리스토텔레스, 『시학』 1447a; 1994, 5 이하) 하지만 예술이란 아름다운 것을 창조하는 것이 아니라 현실을 모방하는 것이라는 생각은 실제로 18세기까지만 해도 예술의 자기이해에 하나의 큰 도전이었다. 아리스토텔레스는 모방을 예술의 기원으로 보았을 뿐 아니라 그것 자체가 인간학적인 상황이라고 주장했다. 그에 따르면 인간은 선천적으로 두 가지 능력, 즉 모방하는 능력과 모방에 대한 기쁨을 갖고 있다. 아리스토텔레스는 이를 근거로 비극의 정의를 내렸는데, 이것은 현대의 예술이론에까지 큰 영향을 미쳤다. "비극은 일정한 크기를 가진, 스스로 종결된 훌륭한 사건을 정제된 언어로 모방한다." 다시 말해서 이것은 보고서가 아니라 하나의 행동을 묘사하는 것이다.(아리스토텔레스, 『시학』 1450a; 1994, 19)

비극을 이렇게 정의함에 따라 미의 문제는 형식적인 표현수단이 적절하고 호소력을 가질 때만 의미가 있다. 비극의 목표는 인간이나 그들의 행동을 모방하는 것이다. 그러나 이 모방은 우연성이 지배하는 현실에서 그것들이 어떻게 일어났는지가 아니라, 그것들이 어떻게 가능한지를 묘사하는 것이다. 비극은, 아니 더 일반화하면 예술은 전형적인 인물들의 갈등관계를 표현하지만, 그렇다고 이것들이 미의 이상을 따르는 것은 아니다. 그러므로 비극의 공연은 모방의 즐거움에서 생기는 기쁨만 주는 것이 아니다. 그것은 관객들의 탄식과 공포(과거의 번역에 따르면 연민eleos과 두려움phobos)를 불러일으킴으로써, 카타르시스의 효과를 만들어낸다. 그런데 인간의 영혼이 이러한 감정들을 통해 혹은 그것들에 의해 정화되는지는 오늘날까지 논란이 되고 있다. 카타르시스 효과가 역사적으로 어떻게 해석됐건 아리스토텔레스가 중시한 것은 강한 효과를 목표로 하는 영향미학이었다. 미는 여기서 예술적 노력의 매체도 아니며 목표도 아니었다.

제욱시스와 파라시오스의 경연에 관한 에피소드는 모방의 이념이 고대의 예술 활동에 얼마나 중요했는지를 잘 보여준다. 플리니우스(23~79)의 『박물지』에는 제욱시스가 실물처럼 묘사한 포도에 비둘기가 날아와 쪼아 먹으려고 했다는 일화가 실려 있다. 제욱시스는 뛰어난 묘사 기술로 새들을 속인 것이다. 그 후 경쟁자인 파라시오스가 그를 자신의 화실에 초대했다. 그때 그는 파라시오스가 자기와 같은 예술을 구사할 수 있는지 확인하고 싶었다. 화실에 들어서자마자 제욱시스는 그림을 감상할 수 있게 커튼을 제쳐 달라고 부탁했다. 파라시오스가 "보세요. 저 커튼은 그림입니다."라고 하자 제욱시스는 서슴없이 파라시오스를 가장 위대한 화가라고 인정했다. 왜냐하면 그는 새들을 속였지만 파라시오스는 사람을, 그것도 예술가를 속였기 때문이다.(플리니우스 1993, 65)

아름다운 예술

고대 이후의 예술, 특히 조형예술의 중요한 주제는 미가 아니라 자연과 자연의 모방 가능성이었다. 미의 이상적인 비례관계를 규정한 '거대이론'은 실제 예술작업에 적용되었다. 예컨대 음악의 화성이론이나 황금비율의 복잡한 비례관계 그리고 비트루비우스가 규범을 제시한 건축 분야에 응용되었다. 그러나 예술은 다양한 과제와 여러 이해관계와 얽혀 있다. 중세에도 예술은 아름다운 예술로 이해되지 않았으며, 아름다움이 예술창조의 목표도 아니었다.(펠트너 2008, 69) 중세의 예술가들은 자기 분야에서 조예가 깊고 기술이 뛰어나서 주문자, 특히 교회의 이해와 요구에 부응할 수 있는 장인들이었다. 그들은 결코 창의적으로 뭔가를 만들어내는 개인이 아니었다. 주문자들의 관심은 미가 아니라 종교적, 정치적 목적에 있었다. 그러므로 중세의 유명한 건축, 제단, 회화들은 익명으로 제작되었으며, 이 작품들을 평가하는 중요한 기준은 개인의 능력이나 독창성이 아니라 신학적, 정치적 프로그램을 얼마나 충실하게 구현했는가이다. 중세의 신학은 미를 신성의 표현으로 간주했지만, 예술은 그것 외에 잔인함, 고통, 질병, 비참함으로 점철된 그리스도교 역사의 여러 모티브들을 다루지 않을 수 없었다. 게오르크 헤겔(1770~1831)은 『미학 강의』에서 "가시면류관을 쓰고 채찍질을 당하며 형장으로 십자가를 끌고 가서, 거기에 못 박혀 고통 속에서 서서히 죽어가는 그리스도"의 모습을 "그리스의 미 형식"으로는 표현할 수 없다고 확언한다. 여기서 예술은 "고통이 보여주는 첨예한 불협화음"을 표현한다.(헤겔 1970, II, 152 이하) 고딕 성당에서 볼 수 있는 추한 악마의 얼굴로부터 지옥과 최후의 심판까지, 성인들의 순교로부터 죄인의 처벌까지 이러한 것들을 묘사한 그리스도교 예술은 거의 모든 형태의 잔인함, 두려움, 추함의 발원지이며 가히 "공포의 우주"라 할 수 있다.(에코 2007, 72 이하)

미켈란젤로(1475~1564)나 레오나르도 다 빈치(1452~1519) 같은 르네상스 예술가들이 자유로운 예술 활동을 하면서, 비로소 미의 이념도 신학적, 정치적 도그마에서 해방되었다. 이제 예술가들은 스스로를 자기세계의 창조자로 이해하였다. 이 점에서 그들은 완전히 신과 같은 존재가 되었다. 레오나르도 다 빈치는 『회화론』에서 화가는 모든 사물을 지배하는 "주인이자 신"이며, 즐거움과 기분에 따라 끔찍한 것과 우스꽝스러운 것뿐 아니라 아름다운 것도 창조해낼 수 있다고 말한다.(에베를레 1986, 58 이하 재인용) 르네상스 이후 예술은, 특히 조형예술은 미가 탁월하게 표현된 장소가 되었다. 미는 예술의 이상이 되었다. 이러한 생각은 무엇보다 독일 이상주의에 와서 그 절정에 달했다.(페르페트 1997, 10 이하) 이는 모든 예술이 아름다워야 한다는 것은 아니지만, 어쩌면 미가 예술의 영역 밖에서는 자리를 잃게 됐다는 것을 뜻한다. 미는 자연이나 삶이 아닌 오직 예술에서만 이상적인 형태로 경험할 수 있다는 것이다. 예술미는 자연미를 능가하였고, 자연은 더 이상 다가갈 수 없는 모범이 아니었다. 이제 예술과 예술에서 취득한 관찰방식은 자연을 새롭게 바라볼 수 있는 시선을 제시하였다. 아름다운 "풍경"은 회화가 고안해낸 산물이라고 할 수 있다.(에베를레 1986, 51 이하) 자연에는 숲, 초지, 경작지, 나무, 산이 있을 뿐이다. 그러나 이것들 전체를 조화롭고 아름답게 지각하려면 자연은 미적으로 훈련된 시선을 필요로 한다.

18세기에 발전한 소위 '아름다운 예술'은 새로운 예술적 자의식의 산물이라고 할 수 있다. 중세의 학문들이나 장인 기술과 구분되는 아름다운 예술을 독자적인 영역으로 공표한 사람은 프랑스의 철학자이자 미학자인 샤를 바퇴(1713~1780)였다. 그는 아름다운 예술에 회화, 조각, 음악, 시, 무용, 건축, 수사학을 포함시켰다. 그러나 바퇴 역시 모방을 모든 예술들에 적용되는 원칙으로 간주했다.(바퇴 1769, 16 이하) 그에 따르면 예술을 체계적으로 연구하는 것은 "아름다운 학문"의 소관이다. 그러나 어원적으로 볼 때 이 "아름다운 학문"에서 유래된 것은 예술에 관한 학문이나 정신과학이 아니라 오늘날까지도 "아름다운 문학"으로 불리는 문학이다. 예술은 18세기가 되어서야 비로소 수공업에도, 학문에도 편입되지 않는 독자적인 위치를 갖게 되었다. 이 발전과정으로 인해 예술의 경계는 늘 논의의 대상이 되고 있다. 7개 예술영역으로 구성된 바퇴의 학제 시스템은 곧 강한 반발을 불러일으켰지만, 때로는 확장과 변화를 경험했고 때로는 배척의 대상이 되기도 했다.

바퇴와 마찬가지로 18세기 중엽에 활동했던 고트립 알렉산더 바움가르텐(1714~1762)은 철학의 한 분과로서 미학을 정초했으며, 방대한 저술을 통해 예술과 미 그리고 인식 사이의 연관관계를 고찰하였다. 바움가르텐이 중시한 것은 감각을 통해 인식이 가능하다는 생각을 복원하고 체계화하는 것이다. 그의 저술에서 첫 번째 장은 인식의 미를 다루고 있다. 바움가르텐에 의하면 학문으로서 미학이 추구하는 목표는 "감각적 인식의 완전함"이다. 이것이 바로 미이다.(바움가르텐 2007, I, 20) 하지만 여기서 미를 예술적으로 창조하는 것은 특별한 의미를 갖는다. 왜냐하면 예술이 만들어낸 미는 또한 완전한 형태의 감각적 인식을 나타내기 때문이다. 그러므로 예술이 아름다운 것을 자유롭게 만들어내고 묘사하는 것이라는 18세기 이후의 일반화된 예술 정의는 '그것이 어떤 인식 결과를 낳는가'라는 관점에서 이해해야 한다. 물론 이러한 측면은 미를 찾는 과정에서 합리주의 미학이 인식에 부여하는 그런 의미를 반드시 가져야 한다는 뜻은 아니다.

고전주의적 이상

미는 오직 예술에서만 찾을 수 있고, 예술은 미를 묘사하는 것 외에 다른 과제를 수행하지 않는다는 생각은 18세기 말, 19세기 초에 통용되던 미적 사유방식이다. 이러한 생각의 기초가 된 책이 바로 요한 요아힘 빙켈만(1717~1768)이 1755년에 발표한 『회화 및 조각에 있어서 그리스 미술품의 모방에 관한 고찰』이다. 그는 고대의 조각 작품에서 발견한 "고귀한 단순함"과 "고요한 위대함"을 미적 표현의 규범으로 고양시켰다.(빙켈만 1982, 17 이하) 빙켈만의 시각에서 볼 때 고대 그리스는 미를 신봉하는 문화 중 하나로서 예술뿐만 아니라 일상, 교육, 스포츠에서도 신체적, 정신적 미가 구현된 곳이다. 그래서 그는 예술이 이 모델에 따라 고대의 건축과 조각을 모범으로 삼을 것을 주문했다. "위대하고, 가히 모방할 수 없는 것이 될 수 있는 유일한 길은 고대를 모방하는 것이다. […]"(빙켈만 1982, 2)

이 관점에서 보면 예술은 고대에 이미 그 이상형을 발견한 미를 모방하는 것에 불과하다. 매끄러운 대리석상에 매료된 빙켈만은 고대인들이 미적 이상을 가지고 있었다고 주장한다. 그러나 이 주장은 역사적 현실이라기보다는 빙켈만 자신의 동경에 더 가깝다. 만일 고대의 예술가들이 조각상을 채색했더라면 빙켈만은 "고요한 위대함" 대신 활력과 다채로움을 작품 속에 불어넣었다고 생각했을 것이다. 하지만 그는 그것에 대해 알려고 하지 않았고, 알 수도 없었다. 그는 대표작인 『고대 예술사』(1764)에서 아름다운 육체는 피부가 흴수록 더 아름답다고 기술하고 있다. 이로써 그는 채색되지 않은 대리석상을 고대의 미적 이상으로 고양시킨 것이다.(빙켈만 1982, 194)

시간이 지나면서 우리는 원래 고대의 조각상이 이 이상과 일치하지 않는다는 사실을 알게 되었다.(브린크만/뷘셰 2004) 빙켈만과 그의 추종자들은 직접 주어지는 감각적 인상들을 극단적으로 축소시켜야만 구현할 수 있는 미의 이념을 중시했기 때문에, 고대 조각상과 사원이 다채롭고 또 채색됐다는 사실을 인정하지 않으려 했는지 모른다.(마호 2007, 123 이하) 그러므로 카노바(1757~1822)와 그의 제자 토르발센(1770~1844) 같은 위대한 신고전주의 조각가들도 항상 매끄러운 백색 대리석을 사용했다. 이러한 빙켈만의 다소 의도적인 오류로 인해 고전주의 예술의 미적 이상에는 제한이 가해졌고, 다른 한편으로 다채로움과 채색된 것은 유아적이거나 원시적인 취미의 표현이라는 생각이 고전주의 이상을 넘어 모더니즘 예술에까지 이어졌다. 그래서 사람들은 색을 기피하는 모더니즘 예술의 경향을 "유색 공포증Chromophobie"이라고 말한다.(배첼러 2002)

오늘날 거의 잊힌 소설가이자 미학자, 심리학자인 칼 필립 모리츠(1756~1793)는 빙켈만 사후 얼마 되지 않아 예술을 미의 규범에 종속시키는 새로운 시도를 한다. 그는 「미의 조형적 모방에 관하여」(1788)라는 논문에서 미와 상반되는 것은 추가 아니라 유용함이라고 규정한다. 이에 따르면 미의 특징은 "유용할 필요가 없는 것"이다.(모리츠 1981, II, 557) 유용함이 지배하는 세속의 세계와 다른 미의 개념을 명시적으로 강조한 것이다. 이것이 뜻하는 바는 '미는 실용적일 수 없다' 그리고 '실용적인 것은 아름다울 수 없다'가 아니다. 그것은 미와 유용함 사이에서는, 즉 미적인 것과 목적(목표) 세계 사이에서는 어떤 식이든 조건적 관계와 거기서 도출되는 결과를 생각할 수 없다는 뜻이다. 결국 모리츠에게 미는 인식할 수 없는 것이며, 오직 미 그 자체 때문에 "느낄" 수 있고 "창조할" 수 있는 것이다.(모리츠 1981, II, 571) 따라서 미는 인식하는 반성의 대상이 아니라 인간만이 가지고 있는 감수성의 대상이다. 왜냐하면 미의 본성은 오성과 사고력의 경계 너머에 있기 때문이다. 왜 아름다운지 우리의 사고력으로는 끝까지 질문할 수 없기 때문에 미는 아름다운 것이다.(모리츠 1981, II, 564)

모리츠는 예술을 위해 미를 구원하려고 했지만, 미를 규범적으로 정의하거나 실용적인 것에 예속시키지는 않았다. 미는 오직 자기 자신 때문에 관심과 경탄의 대상이 되며, 다른 모든 것은 미 앞에서 퇴색될 뿐이다. 미는 오직 자기 존재의 완전함을 통해 정당화될 뿐이며, 이밖에 다른 근거, 인정, 용도를 필요로 하지 않는다. "미에 대해서 유한한 존재의 입으로 할 수 있는 말 중에서 '아름답다!'라고 하는 것보다 숭고한 말은 없다."(모리츠 1981, II, 578)

이념의 가상

1913년 『독일 이상주의의 가장 오래된 시스템 강령』(1797)이라는 다소 오해의 소지가 많은 제목의 소책자 한 권이 발견되었다. 사람들은 헤겔, 프리드리히 빌헬름 쉘링(1775~1854) 그리고 프리드리히 횔더린(1770~1843)을 이 책의 저자로 지목하였다. 이 책의 중심주제는 미의 의미이다. 여기서는 진, 선, 미가 하나라는 고전적인 이상이 다시 한 번 환기됨과 동시에 해체된다. 이 텍스트의 논지는 진리와 선은 오직 미 안에서 결합될 수 있으며, 지고한 "이성의 행위"는 단지

"미적인 행위"에 불과하다는 것이다. 이 미적인 행위는 고전적 의미에서 미적 이상을 따르는 것이 아니라 사유 그 자체가 "시적"이 되어야 하는 낭만주의 정신으로 이해된다. 그래야만 이성과 감각 그리고 오성과 상상력 사이의 간극이 메워질 수 있고, 삶과 학문은 두루 시적으로 변화될 수 있다. 그러면 이성과 감각은 새롭게 하나가 될 것이고 정치적 자유도 보장될 것이다. "계몽된 자들과 계몽되지 않은 자들"은 서로 손을 내밀고, 무엇보다 신화는 철학이, 그리고 철학은 신화가 될 것이며, 민중은 이성적으로 변하게 될 것이다.(헤겔 1971, I, 243 이하) 미적인 것과 미는 더 이상 예술에 국한되지 않는 광범위한 정치적, 사회적 강령으로 이해되었다. 이 "새로운 신화"(프랑크 1982)에 대한 요구는 현실적으로 관철될 수 없었다. 그러나 세계를 심미화해야 한다는 생각은 낭만주의 사유의 토대가 되었고 '미적인 것'의 개념을 급진적으로 확장시키는 결과를 낳았다.

헤겔은 강의를 통해 미리 일부를 발표했고, 훗날 더 발전시켜 출간한 『미학』에서 이 요구를 어느 정도 완화하였다. 그의 미학은 역사철학적인 논거로 인해 크게 축소됐긴 하지만 미와 예술 그리고 진리에 대한 요구를 체계적으로 결합시킨 마지막 시도이다.

헤겔에 있어서 미는 정신의 한 계기이다. 우리가 자연이나 사물을 아름답게 지각했다면 그것은 정신이 반응한 것이지 자연에 있는 사물 그 자체에 부여된 특성 때문이 아니다. 헤겔에게 있어서 미가 본래 존재하는 장소는 예술이다. 예술과 미의 통일성은 그의 미학이 가장 일관되게 주장해온 부분일 것이다. "왜냐하면 예술미는 정신에서 태어났고, 또 다시 거기서 태어나는 미"이기 때문이다.(헤겔

1970, I, 14) 그러므로 우리는 예술을 통해 자연이나 감각이 아닌 정신, 즉 예술은 진실과 진리에 대한 요구와 연결된다. 하지만 미는 예술작품 속에 표현된 진리가 현상된 것일 뿐이다.

감각의 영역에서 활동한다는 것은 예술의 장점이면서 동시에 단점이기도 하다. "왜냐하면 미는 가상과 더불어 살기 때문이다."(헤겔 1970, 17) 그러나 가상은 기만, 허구, 환상일 수 있다. 헤겔에 따르면 "가상 그 자체는 본질에 없어서는 안 되는 본질적인 것이다. 진리는 가상으로 나타나거나 현상되지 않으면 존재할 수 없다."(헤겔 1970, 21) 이상주의자 헤겔에게 현상계인 현실은 항상 무상함과 비본질성을 갖는 반면, 예술이 만들어내는 가상은 경험의 우연성을 넘어 본질적인 것이 현상되게 해주는 제2의 가상이다. 이것이 가상이 갖고 있는 장점이다. 그래서 형상화된 미에는 더 높은 실체와 더 진정한 존재가 드러난다. 미적 가상은 예술작품의 특징이며, 그 자체가 예술이 표현하려는 진리의 필연적인 계기이다. 하지만 그것은 한낱 계기에 불과하다. 왜냐하면 정신 그 자체는 본질적으로 감각적이거나 구체적이지 않기 때문이다. 그러므로 헤겔은 미를 진리가 현상된 것이라고 높이 평가했지만, 예술은 내용상으로나 형식상으로 정신이 자기를 의식할 수 있는 최고의 방식이 아니라는 점을 상기시키지 않을 수 없었다. 그것은 궁극적으로 철학이 맡아야 할 과제이다. 헤겔의 유명한 명제인 "예술의 종말"은 예술이 현대 사회가 요구하는 진리에 더 이상 부응할 수 없게 되었음을 뜻한다. 과학의 세계가 되면서 미는 더 이상 진리를 적절하게 표현할 수 없게 되었다.

더 이상 아름답지 않은 예술

예술에서는 오래전부터 추의 의미에 대해 논의해왔다. 추의 매력을 간파한 고트홀트 에프라임 레싱(1729~1781)은 시인들에게만 추한 것을 사용하도록 허용하였다. 왜냐하면 회화나 조형예술과는 달리 작가는 언어를 통해 추가 주는 불쾌한 인상을 완화할 수 있기 때문이다.(레싱 1996, VI, 148 이하) 슐레겔은 미와 추가 서로 "불가분의 관계"에 있는데도 불구하고 왜 아직까지 "추의 이론"을 세우지 못했는지 개탄하였다.(슐레겔 1988, I, 113) 슐레겔이 독려한 추의 이론은 19세기가 되어서야 비로소 결실을 보았다. 최초의 시도는 아니지만 그 대표적인 사례로 꼽히는 것이 바로 헤겔의 제자 칼 로젠크란츠(1805~1879)가 1853년에 발표한 『추의 미학』이다. 그러나 추의 범주를 체계적으로 정리한 로젠크란츠의 작업은 오늘날까지 다음과 같은 평가를 받고 있다. 추의 분석을 위해 사용된 변증법적 삼단논법의 구조는 헤겔의 지대한 영향을 짐작하게 한다. 이뿐 아니라 추를 단지 미에 종속된 것으로, 즉 "미의 부정태"로 간주함으로써 책 제목과는 달리 추의 독자적인 성격을 제시하지 못했다.(마예차크 2007, 90) 한편 로젠크란츠는 자신의 연구 대상인 추에 완전히 심취된 나머지 형식상으로는 헤겔 식의 체계화 작업에 몰두했지만, 내용상으로는 추가 미에 종속된다는 점을 망각할 정도로 추에 집중하였다.(리스만 2000, 174 이하)

로젠크란츠는 추의 근본 형태로서 "자연의 추함", "정신의 추함"(즉 인간의 추), "예술의 추함"이 있다고 주장한다. 이 중에서 우리의 관심 대상은 예술의 추함이다. 로젠크란츠는 인간 정신에서 나온 예술이 추할 수 있는지에 대해 질문을 제기한다. 왜냐하면 추는 미와 대비되는 것이지만 또한 미를 구성하는 요소이기 때문이다. 그러므로 그의 주장에 따르면 추가 예술에서 추하게 나타나는 경우는 오직 고립된 것, 즉 자기 멋대로 표현된 것뿐이다. 하지만 이들은 추하더라도 우리의 마음에 들 수 있다. 왜냐하면 그의 말대로 추한 것은 "병적"이라 할 수 있으며 "타락한" 시대에 나타나긴 하지만, 나름 "추한 것에 대한 만족감"이 있기 때문이다.(로젠크란츠 1979, 52)

이로써 19세기 이후에 예술이 미에 충실했다는 생각은 오류임이 입증되었다.(클레머 2006) 추는 때로는 미보다 더 강한 미적 동력으로 작용한다. 이 말은 낭만주의자들이나 로젠크란츠에게는 여전히 비판적인 뉘앙스를 갖고 있었지만 늦어도 니체에 와서는 하나의 강령으로 이해된다. 니체가 『음악의 정신에서 비극의 탄생』에서 밝힌 것처럼 "추와 부조화"는 그리스의 "비극적인 신화"에서 이미 하나의 "예술적 유희"였다. 그리고 의지는 이 유희를 "영원히 넘치는 쾌락" 속에서 마치 스스로 유희하듯 즐긴다. 니체는 여기서 느끼는 추에 대한 즐거움을 조화롭지 못한 음악을 들을 때 느끼는 즐거움과 비교한다. 중요한 것은 이 긴장을 견뎌내는 것이다.(니체, 『니체 전집』 1, 152) 지루함에서 벗어나기 위해서 인간은 긴장을 찾으며, 시끄럽고 거부감을 주는 것, 급작스러운 것, 공포를 주는 것을 구한다. "흥분시키는 것은 다 즐겁다."(니체, 『니체 전집』 8, 432) 이때부터 이 흥분이 없으면 예술은 존재할 수 없게 되었다.

세기말 미의 봉사

세기말 '심미주의Ästhetizismus'에서 미와 예술은 마지막으로 극단적인 결속을 과시한다. 전례 없이 예술은 미에 대한 의무에 충실하였고, 예술가들은 "미에 대한 봉사"를 책무로 여겼다.(벤야민 1979, 16 이하) 그리고 삶은 그 자체가 미의 기준을 따르는 예술로 간주되었다. 하지만 여기서는 미가 삶의 활력으로 작용하기보다 오히려 질병이나 죽음과 연결됐기 때문에 후기 낭만주의의 미 개념을 연상시킨다. 이것은 아우구스트 그라프 폰 플라텐(1796~1835)의 시 「트리스탄」(1825)에서 마치 강령처럼 표현된다. "두 눈으로 아름다운 것을 직시한 자는/ 이미 죽음에 맡겨진 것이나 다름없어,/ 더 이상 이 세상 일에는 맞지 않으리,/ 그는 죽음 앞에 두려워 전율하리/ 두 눈으로 아름다운 것을 직시한 자는."(플라텐 I, 79) 이 시에서는 미에 대한 요구와 병적인 것에 대한 즐거움이 서로 불가분의 관계에 있다. 바그너(1813~1883)의 오페라 〈트리스탄과 이졸데〉에 잘 표현된 음산한 죽음의 동경이 바로 이러한 예술의 특징이다. "병적인 것"은 20세기에 들어와서도 중요한 미적 범주로서 계속 영향력을 행사했다.(브린 1986)

호방한 댄디 작가 오스카 와일드(1854~1900)의 『도리언 그레이의 초상』은 1890년 발표된 이후 많은 물의를 일으킨 작품이다. 훗날 서문에 실린 격언들 중에서 일부는 세기말 탐미주의의 모토가 되었다. "예술가는 아름다운 것을 창조하는 사람이다. […] 아름다운 것에서 아름다운 의미를 발견하는 사람은 문화를 갖고 있다. 그에게는 희망이 있다. 그는 선별된 자이며, 아름다운 것은 그에게 아름답다는 것 외에 다른 어떤 것도 의미하지 않는다. […] 모든 예술은 어떤 사용가치도 가지고 있지 않다."(와일드 1977, I, 157 이하) 이 시대에 유행하던 미의 숭배는 한편 우리의 존재가 오직 미적으로만 정당화될 수 있다고 주장한 니체의 말과 연관이 있지만, 다른 면에서는 바로 이 이유 때문에 니체가 비판한 데카당스에 빠지게 된다. 니체에 의하면 데카당스는 예술뿐 아니라 삶의 모든 분야에서 미를 세련된 것, 삶과 괴리된 것, 기이한 것, 병적인 것으로 파악한다. 후고 폰 호프만스탈(1874~1929)도 「티치안의 죽음」이란 서정시에서 미의 법칙이 지배하는 예술 영역과 세속적인 일상의 고루한 세계를 구분하고 있다. "지혜롭게 너로부터 멀리 떨어져 있어 몸을 감추고 있는 것,/ 역겹고, 우울하고 공허하게도/ 미를 인식하지 못하는 것들이 그것을 가득 채우고 있다." 무엇보다 게오르게(1868~1933) 그룹에서는 미의 숭배와 이와 연관된 밀교적인 태도가 소수 엘리트들의 전유물인 것처럼 연출된다. 이런 식의 미 개념이 사회정치적인 관점에서 "미적 근본주의"라고 비판 받는 것은 당연한 일이다.(브로이어 1995)

미의 저주와 귀환

그러나 20세기의 예술은 미에 대한 의무를 완강하게 거부한다. 이것은 미의 이념을 극단적으로 거부한다는 뜻이 아니다. 이 거부의 태도는 단지 부르주아적이며 보수적인 것으로 간주되는 고전적 미의 이상 대신 이를 시대에 맞는 현대적인 미 개념으로 대체하자는 요구와 연결된다. 1909년 발표한 필리포 토마소 마리네티(1876~1944)의 「미래주의 선언」에 나오는 다음 구절은 이미 널리 알려진 내용이다. "우리는 세계의 위대함이 새로운 아름다움, 즉 속도의 아름다움으로 인해 더 풍부해졌음을 천명한다. 경주용 자동차가 사모트라케의 니케보다 더 아름답다."(마리네티 1998, 185)

예술에서 중요한 것은 아름다운 것을 창조하거나 표현하는 것과는 다른 것이라는 생각이 일반적으로 인정되었다. 이런 식으로 이해된 예술은 첫째, 정치적, 계몽적 입장을 견지한다. 이러한 예술은 니체가 한때 예술로서 뒤덮어야 한다고 주장한 추한 진실들을 표현한다. 둘째, 예술은 점차 스스로를 자기의 형식과 조건들을 성찰하는 존재로 파악한다. 이에 따라 예술은 미의 이념과 같은 상위의 이념과 관계없이 자신의 전통, 재료, 기법을 다루게 된다. 첫 번째 예술의 경우에는 사르트르(1981)의 말처럼 앙가주망이 예술의 가장 중요한 지상명령이 된다. 반면 두 번째 경우에는 형식의 성찰 그리고 지각방식과 해석방식의 확대가 지배적인 특징이 된다.(에코 1977)

예술은 계몽을 주도하거나 혹은 혼란을 야기하며, 사회의 발전 과정에 개입한다. 하지만 예술은 이와 동시에 미적, 기술적 측면에서 여러 가능성들을 타진하며 자신의 외연을 넓힌다. 예술이 마침내 좁은 의미에서 정의된 고급예술의 범위를 벗어나면, 예술의 경계는 허물어진다. 미적 충격과 정치적, 도덕적 스캔들은 하나의 중요한 전략이 되었고, 미는 그저 비판의 대상이 될 뿐이다. 모더니즘이 예술의 아름다움에 대해 더 큰 회의를 갖게 된 이유는 어쩌면 나치

즘이나 스탈린주의와 같은 20세기의 전체주의가 고전적인 미의 이상을 추종했기 때문이다. 미는 나치의 민족주의 이데올로기를 표현하는 데 사용되었고, '사회주의적 사실주의'에서는 스탈린 지배체제의 찬양도구로 전락했다. 그러므로 민주적인 예술에서는 미의 가치가 급격하게 추락할 수밖에 없었다. 미국의 철학자이자 예술비평가인 아서 단토(1924~)는 미를 지향하는 예술에 대한 회의와 유보를 한 문장으로 표현하고 있다. "미가 항상 옳은 것은 아니다."(단토 2003, 112) 무엇보다 정치적, 도덕적 관점에서 보면 미를 지향하는 예술은 배신을 서슴지 않으며 전혀 아름답지 않은 세상에 대해 거짓말을 하는 것 같다. 아도르노는 아우슈비츠 이후에 계속 시를 쓴다는 것은 야만이라고 일갈한 바 있다.(아도르노, 『전집』 10/1, 30) 수많은 논쟁과 오해를 불러일으켰던 이 명제 역시 미에 대한 회의에서 비롯된 것이다. 함부르크 출신의 철학자 비르키트 레키(1954~)는 이 입장을 다음과 같이 함축적으로 표현하고 있다. "오늘날과 같이 무정함과 날것이 지배하는 세상에서 미는 더 이상 정당한 자리를 갖지 못한다. 왜냐하면 세상은 아름다움을 소유할 자격이 없기 때문이다."(레키 2007, 179) 세계를 정직하게 표현하는 것이 예술적 진리의 과제인 이상 미는 예술의 영역에서도 설 자리를 잃었다.

미에 대한 비판은 소위 '키치' 논쟁을 통해 극단적으로 표현된다. 키치는 발생 당시부터 논란이 됐던 개념이다. 그 어원이 말해주듯이 키치는 특이하게 통속화된 예술, 즉 누구나 즐길 수 있고 누구에게나 다가가는 예술이다.(데트마/퀴퍼 2007, 94 이하) 대량생산이 용이하고 유통비용이 저렴하다는 점은 키치 개념의 외적인 측면일 뿐이다. 아도르노는 키치의 내적인 측면을 "존재하지 않는 감정을 속이는 것"이라고 매우 함축적으로 설명한다.(아도르노, 『전집』 7, 466) 그래서 키치에 대한 모든 비판은 전부 키치의 거짓된 성격에 집중된다. 다시 말하면 키치는 거창하고 그럴싸한 아름다움이 있을 것 같은 예술을 보여주고, 그리고 거짓된 감상이 만들어내는 감동을 가장하며 소비자들을 기만한다.(리스만 2002, 11 이하) 이미 1930년대에 미국의 예술비평가인 클레멘트 그린버그(1909~1994)는 키치를 "오늘날 우리의 삶 속에 있는 모든 짝퉁 중에 진수"라고 정의하였고,(그린버그 1997, 40) 헤르만 브로흐(1896~1951)는 키치 인간을 "도덕적으로 사악한 인간", "극악무도한 짓을 하는 범죄자"로 규정하였다.(브로흐 1955, 348) 칼 하인츠 데쉬너(1924~)는 1957년 출간 이후 꾸준히 판매되고 있는 『키치, 관습 그리고 예술』에서 키치를 "이 세상에 있는 마약 중에서 가장 치명적인 마약"이라고 기술하고 있다.(데쉬너 1991, 24)

키치에 대한 강한 비판의 목소리는 이제 시간이 지나면서 수그러들었고, 포스트모던 예술은 키치와 키치의 미를 재발견하였다. 그 이후 키치의 형식언어는 화랑이나 박물관에서도 경탄의 대상이 되었다. 늦어도 제프 쿤스(1955~), 피에르와 질(피에르 코모이 1950~, 질 블랑샤르 1953~)이 나온 뒤부터 사람들은 키치가 미적 아방가르드가 될 수 있다는 사실을 깨달았다. 키치예술이 생긴 뒤부터 키치 현상은 일상에서도 새로운 평가를 받게 되었고, 불쾌한 세계가 아닌 "매력적인 세계"를 조성하는 요소가 되었다.(벨팅 1995, 83) 이것은 미가 예술에서 복권됐다는 것을 뜻하기도 한다. 왜냐하면 키치예술은 의도적으로 고전적인 미의 이상과 대중적인 미의 취향을 가지고 유희하기 때문이다. 키치는 어린이의 순수함과 결합하게 되면 하나의 미적 가치가 된다. "키치예술은 관찰자들에게 윙크를 하며 그들을 어린이의 세계로 유인한다."(퓰러 1992, 28)

이와 함께 예술로부터 미를 추방하려는 것에 반대하는 움직임도 나타났다. 소위 포스트모더니즘 이후에는 조형예술가뿐 아니라 작가나 음악가들도 미의 개념을 때로는 아이러니하게, 때로는 아주 진지하게 하나의 프로그램으로 재수용하였다. 예술철학도 "미의 귀환"을 점차 긍정적인 주제로 취급하기 시작했다.(네하마스 2000, 493) 하버드 대학 문학교수인 일레인 스캐리(1946~)는 널리 알려진 에세이 『미와 정의에 관해서』에서 미의 경험을 복권시키고 있다. 또한 그는 미의 경험이 더 정의롭고, 더 나은 사회건설에 크게 기여할 것이라고 평가했다. 우리는 사회의 핵심원칙으로 작용하게 될 공정함을 미적 관계로, 즉 "대칭"적인 인간관계로 해석할 수 있다.(스캐리 1999, 93 이하)

레키도 『실용적인 관점에서 미의 옹호』라는 글에서 다음과 같은 점을 지적하고 있다. 인간은 아름다움을 동경하며, 그것을 "세계나 자기 삶 속에서 구현하고자 한다."(레키 2007, 186) 이 경험적인 사실 하나만 보더라도 이 세상에는 도덕적, 정치적 차원이 포함된 넓은 의미의 아름다움이 결핍되어 있다는 것을 알 수 있다. 미의 복권을 단지 우리의 관심을 다른 곳으로 돌리려는 전략이나 혹은 기만이 주는 값싼 위로로 해석할 필요는 없다. 미는 바로 추한 세상에 대항하는 기획이자, 그것에 대한 고통스러운 비판으로 이해될 수 있다. 무엇보다 미의 이념에 충실했던 18, 19세기 예술은 이 측면을 의식적이건 무의식적이건 늘 강조해왔다. 오늘날 예술계에서도 키치의 의혹만 없으면 미는 다시 논의의 대상이 될 수 있다.(자이델 192/2008, 41 이상) 그리고 더 나아가 미는 삶과 자연의 한 계기로서 주목을 받게 되었다. 이에 따라 모더니즘의 예술이 도모했던 미의 해체는 역사적인 에피소드로 남게 되었다.

제5장

자연미와 자연미의 진화

미와 관련된 문제에서 자연미만큼이나 논란의 대상이 된 주제는 없다. 이 장에서는 자연에 아름다움의 특성을 부여할 수 있는지, 그리고 자연이 미의 스승인지 대해 논의하고자 한다. 낭만주의를 통해 사람들은 동경의 장소로서 자연을 발견하였다. 그러나 자연을 경탄이 아닌 착취의 대상으로 삼은 모더니즘이 진행되면서 자연은 지배 가능한 대상이 되었다. 자연미는 그저 미학자나 예술가들만이 관심을 기울이는 대상이 아니다. 그것은 생태계 전체가 위기에 빠진 오늘날 환경보호주의자로부터 관광업계까지 우리 모두의 관심을 요구하는 실제적인 문제가 되었다. 자연미에 관한 문제는 무엇보다 현대의 진화생물학을 통해 그 중요성이 인식되었다. 이 분야에서는 우리가 아름답게 느끼는 자연의 형태와 장식을 성적 신호나 진화의 선별 특징으로 간주한다. 아래에서는 이러한 측면과 이와 관련된 문제들을 소개한다.

동경의 장소로서 자연

"어머니 자연이여, 대지에 흩어져 있는/ 당신이 만든 작품의 빛은 아름답습니다./ 당신이 주관하는 창조의 위대한 생각을/ 다시 한 번 생각하는 즐거운 얼굴은 더 아름답습니다." 클롭슈토크(1724~1803)의 유명한 송시 「취리히 호수」의 첫 번째 연은 자연의 아름다움과 인간이 만들어낸 아름다움 사이의 관계를 노래하고 있다.(클롭슈토크 1983, 31) 빼어난 자연의 아름다움은 인간의 시적, 예술적 노력의 모범이 되지만, 이 노력은 자연의 미를 능가하기도 한다. 18세기 중반 이후 자연은 하나의 체험공간이 되었으며, 거기에 수많은 의미가 부여되었다. 하지만 결국에는 예술미의 우위를 일반적으로 인정하였다. 통제할 수 없는 야생의 자연과 실제로 우리를 종종 위협하는 자연의 미적 매력은 버크 이후 미가 아닌 숭고의 개념으로 이해되었다. 실제 위험이건, 가상의 위험이건, 거기로부터 안전하긴 하지만 그 위협의 정도가 너무 클 때 우리는 공포의 즐거움을 느낀다. 바로 이 즐거움을 주는 것이 숭고의 감정이다. 칸트의 정의에 따르면 숭고는 우리의 우연성과 유한성을 드러내기 때문에 공포와 경탄을 동시에 불러일으키는 절대적으로 큰 것이다.(칸트, 『판단력 비판』 §25; X, 169)

칸트 역시 좁은 의미의 자연미와 숭고를 구분하고 있다. 자연미는 공포와 매력이 뒤섞인 "혼합 감정"(리스만 2009, 21 이하)을 불러일으키지 않는다. 그것은 미에서 느끼듯 만족감을 준다. 하지만 칸트는 자연미가 단순히 예술미의 모델이나 모범이 될 수 없다는 점을 환기시킨다. "자연미는 아름다운 것이지만, 예술미는 어떤 사물을 아름답게 표상한 것이다."(칸트, 『판단력 비판』 §48; X, 246) 자연 속에서 아름답게 보이는 것이 예술작품 속에 모방됐을 때 반드시 아름답게 보이는 것은 아니다. 역으로 자연에서는 추하고 잔인하고 불쾌하게 보이지만 예술에서는 전적으로 아름다워질 수 있다.

낭만주의가 발견한 자연은 예술에 대한 비판적 교정수단으로서 그리고 좀 더 나은 새로운 삶의 원천과 모델로서 기능하였다. 그러나 낭만주의가 자연을 다루는 이유는 자연과의 친밀한 감정 때문이 아니라 자연과 멀어진 소외감 때문이다. 이것은 "인간과 자연 사이에 본래 있었던 통일성"이 상실됐다는 "우울한 믿음"에 뿌리를 두고 있다.(피쿨리크 2000, 241) 하나의 구호가 되어버린 자연에 대한 낭만적 동경은 바로 이러한 상실감에서 비롯된 것이다. 여기서 자연은 현대인들의 삶의 방식에 반대하는 기획으로 생각될 수 있지만, 다른 면에서 자연은 우리에게 자기 본성과의 화해를 보장해주는 장소이기도 하다. 티크나 노발리스와 같은 작가들은 자연에 대한 동경을 문학적으로 형상화하였고, 누구보다 젊은 쉘링은 자연철학을 이론적으로 성찰하였다. 여기서 자연은 자신의 아름다움을 만들어내는 창조적인 힘으로 나타난다. 그러므로 이 힘은 결국 자연과 예술의 차이를 무의미하게 만든다. 노발리스는 잠언집에서 "자연도 예술의 본능을 가지고 있다. 그러므로 누군가 자연과 예술을 구분한다면 그것은 잡담에 불과하다."라고 역설한다.(노발리스 2001, 548) 자연의 형식들은 낭만주의의 상징인 '파란 꽃'처럼 시적 상징이 되기도 하고, 또한 미의 이념이 드러난 형태가 되기도 한다. 인간의 정신은 이 이념을 수용할 수 있을 뿐 아니라, 스스로 이것을 만들어내기도 한다. 낭만주의의 자연철학은 자연과 정신의 통일성을 일관되게 주장한다. 이와 궤를 같이하는 쉘링은 『자연철학을 위한 이념』(1797)에서 "자연은 가시적인 정신이어야 하고, 정신은 비가시적인 자연이어야 한다."고 강조한다.(쉘링 1985, I, 294)

그러나 자연미 개념을 신랄하게 비판한 사람은 다름 아닌, 그와

교우 관계에 있던 헤겔이었다. 헤겔은 자연으로부터 어떠한 미적 부가가치도 얻지 못했다. 그는 1796년 베른알프스를 등산했다. 그리고 절경으로 유명한 알프스에 대해 다음과 같은 메모를 남겼다. "영원히 죽어 있는 이 자연의 모습은 '그렇구나'라고 하는 것 외에 다른 어떤 표상도 주지 않았다."(헤겔 1971, 618) 헤겔이 이렇게 무관심하게 느낀 산들은 오늘날 사람들이 경탄을 금치 못하는 융프라우와 알레치호른이 속해 있는 4000미터 이상의 알프스들이다.(트렙토프 2001, 154) 헤겔은 나중에 『미학』에서 우리는 일상에서 아름다운 색, 아름다운 동물에 대해 그리고 이보다 더 아름다운 인간에 대해 말하는데, 여기서 아름다운 것은 자연이 아니라 자연 속에 반영된 인간의 정신이라고 피력한다.(헤겔 1970, I, 14)

예술을 매개로 자연과 인간을 화해시키려는 낭만주의의 기획은 미완으로 남아 있다. 바로 인위적인 것, 구성된 것, 비유기적인 것에 경도된 모더니즘이 예술의 대상이며 모범이었던 자연을 극단적으로 거부했기 때문이다. 그러나 자연은 예술과 미학 이론에서 사라지지 않았다. 아도르노는 『미학 이론』에서 자연미의 복원을 시도했다. 하지만 아도르노의 근본 입장은 자연과 예술은 서로 정반대에 위치한다는 것이다. 인간이 만들어내지 않은 것의 전형이 자연이라면, 예술은 만들어진 것, 인위적으로 생산된 것, 때로는 무력으로 자연에서 얻어낸 것이기에 자연과 대척관계에 있다.(아도르노, 『전집』 7, 98) 그러나 자연미는 자연 그 자체도 아니며 직접 주어지는 것도 아니다. 자연미는 자연을 대신하여 인간의 의식 속에 있는 것, 그것의 미적 가상이다. 우리는 자연을 지각하며, 이와 연관된 미적 감정을 갖는다. 거기에는 인간 세계와 인간이 만들어낸 것 그리고 합리성과 성찰의 저편에 있는 것에 대한 불확실한 예감이 담겨 있다. 아도르노의 유명한 정의에 따르면 자연미는 "보편적 동일성의 속박 속에서 사물들에서 발견할 수 있는 비동일성의 흔적"이다.(아도르노, 『전집』 7, 114)

자연의 빛이 아름다운 이유는 합리성, 시장, 기술, 학문, 자연 지배와 같은 것의 영향에서 벗어나는 것이 무엇인지를 자연에서 인식할 수 있기 때문이다. 그러므로 자연은 인간에게 기억의 장소인 동시에 유토피아의 장소이다. 아도르노는 여기서 자연미와 예술은 긴밀한 관계를 맺는다고 말한다. 왜냐하면 예술은 고도의 기술을 요하는 일이지만, 자연과 마찬가지로 직접적인 것, 특별한 것, 불일치하는 것을 대변하며, 자연을 그대로 모방하지 않고 자연의 소리와 같이 되려고 하기 때문이다. 그러나 자연미에는 항상 당혹감과 혼란을 야기하는 계기가 내재되어 있다. 자연은 스스로 자연의 속박에 갇혀 있다. 즉 자연은 어떤 형태이건 자유의 여지가 없는 단순하고 맹목적인 자연법칙을 따른다. 아도르노는 비 온 뒤 우는 지빠귀의 노래 소리는 아름답지만, 여기에는 두려움이 숨겨져 있다고 말한다. "왜냐하면 새 소리는 자연스러운 노래가 아니라 새들을 속박하는 어떤 힘을 따르는 것이기 때문이다."(아도르노, 『전집』 7, 105) 바로 이 점이 자연과 예술의 차이이다. 예술은 자유의 산물이다. 거기에는 직접성과 감정뿐 아니라 정신과 성찰이 배어 있다. 그래서 자연미는 미적 성찰과 교육이 필요한 경험으로 남게 된다. 그 어느 때보다 이것이 더 절실하게 요구되는 이유는 자연미가 점차 문화산

업과 여가산업의 생산물로 전락되기 때문이다. 아도르노는 자연미를 잘 조성된 휴양지의 전원풍경으로 이해하고, 빠른 소비를 위한 상품으로 제공한다면 그것은 "추한 얼굴을 드러낼 것이다"고 말한다.(아도르노, 『전집』 7, 106)

자연 속에서 느끼는 행복

잘 꾸며진 자연이 전시되면 자연미의 특징이라고 할 수 있는 직접성이 상실된다. 1970년 이후 생태적 감수성이 고조되면서 산업 목적으로 자연을 파괴하고 활용하는 것은 물론이고 관광 목적으로 자연을 착취하는 것에 대해서도 반대의 목소리가 커져갔다. 이러한 의식 변화에 힘입어 자연은 다시 미학 담론의 주제로 부상하였다. 그러나 이것은 아도르노의 부정적 자연미학이 요구한 것과는 다소 차이가 있다. 이러한 환경에서 독일의 철학자 게르노트 뵈메(1937~)는 자연미를 규범적 개념으로 이해하지 않는 새로운 자연미학을 제시하는데, 그것은 '생태 자연미학'을 대변한다. 이 미학은 무엇보다 '분위기'라는 범주를 중심으로 보다 폭넓은 미학 개념을 옹호한다.

뵈메는 분위기를 "능동적인 놀라움" 속에서 경험하는 "공간적 구성물"이라고 규정한다. 다시 말해 이것은 우리가 주변에서 늘 경험하는 느낌들이나 피할 수 없는 느낌들을 말한다. 이 느낌은 결코 주관적이지 않다. 이것은 사물이나 상황, 예컨대 암벽, 풍경, 건물, 도시의 특정 구역 등에 배어 있어서 그것에 대해 상호주관적인 이해도 가능하다.(뵈메 1989, 148 이하) 산 정상에서 확 트인 전망을 바라보거나, 노을 진 바닷가 풍경이 눈에 들어오면 우리는 특별한 분위기를 감지한다. 우리는 여기서 어떤 자극이 이러한 경험을 가능하게 하는지는 정확하게 알 수 없지만, 넓은 의미의 자연미를 경험하게 된다.

뵈메는 자연미를 분위기 이론의 맥락에서 이해한다. 이 이론은 우리가 경험하는 분위기의 내용을 토대로 생태 자연미학을 기획한다. 생태 자연미학은 인간과 자연을 동맹관계로 이해하며, 인간의 진정한 욕구를 지향한다. 물론 이 욕구가 무엇인지 먼저 규정해야 할 것이다. 여기에는 인간을 위해 건강하고 지속적으로 사용가능한 환경뿐 아니라 특정한 미적 자질을 가진 환경 또한 중요하다는 통찰이 담겨 있다. 우리는 이 명제를 일상적인 행동을 통해 입증할 수 있다. 인간은 아름답게 느끼는 장소와 경치를 즐겨 찾으며, 전원주택은 교통이 복잡한 곳의 주거공간보다 더 비싸다. 하지만 뵈메의 관심은 그 이상의 것에 있다. 그의 생각은 좋은 환경 속에서 살고 싶은 소망에 그치지 않는다. 이를 넘어서 그가 중요하게 여기는 것은 자연에 대한 진정한 욕구이다. 또한 '무언가가 여기에 스스로 존재한다', 즉 독립적인 존재를 통해 감동을 주는 것을 경험하고 싶은 욕구도 중요하다. 뵈메에 따르면 인간은 "자기 자신과 다른 것에 대해 강한 욕구"를 갖고 있다. "그는 오직 자기만을 만나는 세계에 살고 싶어 하지 않는다."(뵈메 1989, 92)

프랑크푸르트 대학 철학 교수인 마르틴 젤(1954~)은 『자연미학』

에서 자연의 아름다움과 행복한 삶 사이의 연관관계를 광범위하게 다루고 있다. 젤에 따르면 자연을 미적으로 경험하는 데는 세 가지 차원의 특징이 있다. 첫째, 자연은 “명상의 공간”으로 체험될 수 있다. 즉 자연은 우리를 침잠과 망아의 지경으로 안내하는 목적 없는 명상적 관찰의 공간이다. 이러한 자연 경험의 본질을 정확하게 파악하기 위해서 젤은 명상의 개념을 극단적으로 이해한다. 그는 명상을 입장이나 동기를 밝힐 필요가 없는 관찰, “중요하지 않은”, 즉 “고려가 필요 없는” 관찰로 정의한다. 심지어 우연이 명상적 지각의 대상이 될 수 있다.(젤 1991, 38 이하) 그러므로 미리 가공되지 않았다면 자연은 명상의 공간이 될 수 있다. 그것은 갑작스러운 것, 우연적인 것이며, 예측하지 못할 순간의 자연 상태로서 아무런 의도 없이 우리의 눈길을 끌고 우리로 하여금 잠시 머무르게 한다. 명상적 자연 경험이란 미명 하에 사람들은 전망 좋은 곳을 미리 지정하거나 사진 찍기 좋은 장소를 표시하기도 한다. 이렇게 자연을 착취하는 관광이 공허한 기억을 남길 것이라는 것은 자명한 일이다. 그러므로 미리 만들어진, 선별된 자연으로 안내하는 것은 바로 명상적인 경험의 즉흥성을 파괴하는 일이다.

자연은 명상의 대상만 되는 것이 아니다. 둘째, 자연은 개인의 삶과 필연적으로 교호하는 장소이기도 하다. 단순한 경험의 저편에 있는 자연은 늘 우리의 삶을 구성하는 한 부분이다. 자연은 우리의 삶과 연결되어 있고 그것을 에워싸고 있다. 다시 말해 자연은 우리의 삶에 무의미한 존재가 아니다. 사람들은 쓰레기더미가 아닌 녹지에서 살고 싶어 한다. 특히 행복한 상황에 대한 기억은 종종 특정한 풍경이나 장소와 연결된다. 이것은 특정한 형태의 자연과 특정한 방식의 자연 친화가 추구할 만한 중요한 삶의 가치 중 하나라는 것과 무관하지 않다. 우리는 이렇게 교감이란 관점에서 자연을 아름답게 느끼는 것이다. 왜냐하면 우리가 경험하는 자연은 자연이 우리에게 제공하는 바람직하고 좋은 삶의 "표현이자 그것의 한 부분"이기 때문이다.(젤 1991, 89 이하)

이로써 우리는 자연미의 경험이 갖는 윤리적 측면을 언급한 것이다. 이는 고대로부터 내려오는 미와 선이 하나라는 생각의 변형태이다. 자연미 그 자체는 좋은 삶을 위한 민감한 규범이다. 한편 자연은 사람들 사이에서 일어나는 특정한 형태의 교환, 소통, 참여를 생산한다. 젤에 의하면 행복한 삶의 계기가 될 수 있는 이러한 자연 경험에는 네 가지 요소들이 각각 상이한 정도로 참여한다. 그는 이를 관상학적 교감, 기상적 교감, 역사적 교감, 기분상 교감으로 구분한다. 우리 눈에 비친 자연의 모습은 (준엄함, 사랑스러움, 부드러움, 거침, 삭막함 등) 어떠한가? 어떤 기온과 일기상태가 지배적인가? 인간이 이미 체험한 자연경험으로서 역사적, 미적 전통이 된 자연 경험은 어떻게 기억되는가? 우리는 이러한 계기들에 대해 어떠한 감성적, 감정적 수용능력을 가지고 있는가? 이 모든 것들이 삶과 연결된 미적인 자연 경험의 특징들이 된다. 젤이 올바르게 지적했듯이 이것은 자연이 "배타적인 영역"이 되더라도 다르지 않다. 즉 자연이 삶에 대해 적대적이고, 견딜 수 없는 분위기를 자아내는 부정적 상징의 장소로 나타나거나, 우리가 그렇게 경험하더라도 상황은 마찬가지이다.(젤 1991, 92 이하)

셋째, 자연은 명상의 장소나 좋은 삶의 통합적 계기가 되지만 또한 "상상의 현장"이 되기도 한다. 어떤 풍경을 바라볼 때 우리는 풍경화나 풍경묘사, 자연시, 사진, 영화의 장면들을 연상한다. 이로써 자연은 우리의 삶뿐 아니라 예술작품을 통해 형성된 우리의 미적 경험과도 조응한다. 자연이 제공하는 "사물들과 장면들"은 "예술도, 예술적이지도 않지만 예술작품처럼" 보인다.(젤 1991, 135 이하) 젤에 의하면 오직 이 관계에서, 오직 "예술적 상상"으로서 자연은 필연적으로 미적 가상을 만들어내며, 엄밀한 의미의 자연미가 된다. 이런 의미에서 자연이 마치 "예술적인 형식관계"인 것처럼 지각되면, 자연미는 그제야 비로소 자신의 미적 자질을 전개한다. 그러면 우리는 자연을 삶과의 연관관계 속에서 보지 않고, 어느 정도 거리를 두고 볼 수 있는 "현상들의 순수한 유희"로 관찰하게 된다. 아름답게 나타나는 이 자연은 특별하고 갖고 싶은 삶의 공간이 아니라 "어떤 것과도 비교할 수 없는 하나의 이미지 공간"이 된다.(젤 1991, 136)

미의 진화

자연은 무엇을 가지고 있기에 우리는 자연을 아름답게 지각하는가? 전통적으로 자연은 예술적 모방의 대상으로 간주되어왔고, 아도르노, 뵈메, 젤과 같은 철학자들은 자연미에 대해 철학적인 고찰을 시도했다. 자연에 대한 이러한 이해와 통찰 뒤에는 명확한 사실이 하나 있다. 우리는 모든 자연현상을 똑같이 아름답게 느끼는 것이 아니다. 자세히 살펴보면 알 수 있듯이 우리가 매력을 느끼는 것은 특정 구조, 색상, 색의 조합, 형태이다. 근대 이후 진행되어온 자연에 대한 폭넓은 연구를 통해 그간 알려지지 않은 많은 유기체들과 형태들이 발견되었다. 그리고 망원경과 현미경 덕분에 여태까지 숨겨져 있던, 고유의 미적 자극을 가진 세계가 모습을 드러냈다.

동물학자 에른스트 해켈(1834~1919)은 단세포동물, 해파리, 플랑크톤, 균류 등과 같은 유기체들을 뛰어난 표현력으로 정교하고 세밀하게 모사함으로써 자연과학 서적이 성공할 수 있는 계기를 마련하였다. 1899년 출간된 『자연의 예술 형식』은 대중적 인기를 구가했을 뿐 아니라, 자연이 가지고 있는, 종종 깨지기 쉬운 아름다운 대칭의 형상을 오랫동안 독자의 머리 속에 각인시켰다.

해켈은 이 도감의 짧은 서문에서 자연미 개념에 규범적인 내용을 부여했다. 그는 다음과 같이 기술하고 있다. "자연의 모태에서 태어난 경이로운 형상들은 수를 헤아릴 수가 없다. 그것들은 아름다움과 다양함에 있어서 인간이 만들어낸 어떤 자연형식들보다 뛰어나다."(해켈 1899, 서문) 해켈은 특히 너무 작아서 현미경 없이는 볼 수 없는 심해의 열등한 생물들이 가진 아름다움에 자주 감탄한다. 그는 조형예술이, 특히 "크게 발전하고 있는" 공예 분야가 이 자연의 "진정한 예술 형식들"에서 새롭고 훌륭한 모티브들을 많이 발견할 수 있을 것이라고 확신했다. 실제로 적지 않은 예술가들이 해켈의 도감에서 많은 예술적 영감을 얻었다. 특히 유겐트스틸Jugendstil의 뒤엉킨 넝쿨 문양은 바로 해켈의 책 『자연의 예술 형식』에서 차용한 것이다.

해켈은 독일어권에서 다윈이즘을 처음 주장한 학자 중 한 사람이지만, 자연의 미를 논할 때는 진화론적 설명을 내세우지 않았다. 다윈은 자연의 아름다움이 진화생물학적 전략을 어떻게 표현하는지에 대해 고민하였다. 현대의 생물학자들이 생각하는 것과 달리 다윈은 동물들도 "아름다운 것을 감지할 수 있는 감각"을 지니고 있어서 미적 자극에 반응할 뿐 아니라 이 자극을 특별한 방식으로 해석할 수 있다고 생각했다. 이 관점에서 보면 미는 성적 재생산과 자연적 선별의 역할을 한다. 이에 따라 진화생물학은 미를 통해 어떤 정보들이 전달되며, 미는 선별과정에서 어떤 장점으로 작용하는지에 대해 질문을 제기한다. 그 결론을 간단하게 요약하면, 장식이 화려한 수컷 동물들의 경우, 암컷들은 이 화려한 장식을 생식능력과 재생산의 성공을 담보하는 표시로 해석한다. 진화론의 창시자인 다윈은 그와 친분이 있었던 버크와 마찬가지로 미의 생물학적 기능을 설명하기 위해 공작을 대표적인 사례로 들었다.(다윈 1875, II, 125 이하)

문예학자인 빈프리드 메닝하우스는 진화론과 철학적 미학의 융합을 시도했다. 그는 공작의 아름다움이 진화의 결과라는 다윈의 근본적인 생각을 재구성하였다. 그에 따르면 공작은 암수를 막론하고 원래 비슷한 모습이었는데, 암컷이 특별한 꽁지깃을 가진 수컷을 선호하면서 이 특징을 가진 유전자가 계속 다음 세대로 전달되고 강화되었다. 교미 시 암컷이 화려한 깃을 가진 수컷을 선호하게 되면 이 특징은 점점 더 중요성을 갖게 된다. 왜냐하면 번식의 성공 여부가 바로 이 시각적 자극에 달려 있기 때문이다. "작은 차이일지라도, 보통 수컷들의 것보다는 더 과장된 꽁지깃을 선호하는 암컷은 세대가 지나면서 계속 배가되는 특징의 기본값을 이미 알고 있기 때문에 그들이 원하는 특징의 절대값은 점점 더 극단적으로 변하게 된다."(메닝하우스 2003, 82)

다시 말해 동물의 세계에서 아름다움이란 상대의 관심을 끌고 기대를 충족시킴으로써 생식의 재생산 과정에서 유리한 고지를 차지하기 위한 것이다. 그러나 공작의 경우에 미적 특징이 파트너 선택시 뛰어난 체력상태를 나타내며, 정말 암컷의 관심을 끄는지는 확실하지 않다. 이와 마찬가지로 미적 특징은 부실한 체력을 은폐할 수도 있다. 그러므로 미는 동물의 세계에서 기만술로도 사용된다. 적어도 다윈은 고도로 진화된 미적 특징들이 생존을 위협할 수 있다는 점을 알고 있었다. 예컨대 너무 긴 꽁지깃은 행동에 제약을 줄 수 있으며, 이로 인해 생존 가능성이 크게 제한될 수 있다.(메닝하우스 2003, 84 u. 131)

핸디캡 원칙

그러나 이 사태는 다르게 볼 수 있다. 비용도 많이 들고 이목은 끌지만 자신의 생명을 위협할 수 있는 신체의 치장을 위해 대부분의 에너지를 사용하는 사람은 이렇게 함으로써 자신의 뛰어난 체력을 과시할 수 있다. 이 때문에 사람들은 다른 신체의 기능을 제한하더라도 아름다워지려고 한다. 이스라엘의 생물학자 아모츠 자하비(1928~)와 아비삭 자하비(1922~)는 이것을 "핸디캡 원리Handicap-Prinzip"라고 규정한다. 스포츠경기에서 볼 수 있듯이 더 강하고 더 빠른 사람이 더 큰 핸디캡을 감수하는 것과 같은 이치이다. 보란 듯이 불리한 상황을 감수하며 남들에게 자신을 과시하는 사람은 이 행동을 통해 자신의 특별한 자질을 암시한다.(자하비/자하비 1998, 15 이하) 공작의 활짝 펴진 꼬리, 화려한 색, 큰 소리를 내거나 노래하는 것, 현란한 장식 등을 이런 의미로 해석한다면, 미는 건강상태를 속이는 것이 아니라 강한 신체를 전제해야 한다. 오직 두려워하지 않는 사람만이 이런 식으로 자기에 대한 주의를 환기시킬 수 있다. 발정기 노루의 포효나 반딧불의 발광도 다 이 전략에 속한다.(자하비/자하비 1998, 57 이하) 섹스 파트너나 예비 배우자들은 매력을 발산하려는 이 노력을 남다른 능력을 전달하려는 메시지로 해석할 수 있다.

더 나아가 자하비 부부는 인간의 진화과정에서 미와 예술이 어떻게 형성됐는지를 밝혀주는 간단한 이론을 제시한다. 원시 인간 사회에서도 장식을 통해 신체적 특징을 돋보이고 강조하려는 욕구가 있었다. 예컨대 멀리서도 쉽게 알아볼 수 있도록 선이나 점들을 얼굴에 그려 넣었고, 공구에는 그 의미와 자질을 강조하기 위해 장식을 하였다. 이러한 장식과 치장들은 특별한 기술을 요했다. 이렇게 장식하는 작업에 대한 평가가 이루어지면서 좋은 장식을 선별하는 일이 불가피하게 되었다. 그 결과 재능 있는 예술가들을 선호하게 되었고 작업능력과 방법은 개선되고 세련되어갔다. 그리고 마침내 무언가를 미적으로 표현하는 능력은 감탄과 평가의 대상이 되었다. 이런 이유에서 미적 형상화의 성공 여부를 판단하는 기준,

즉 미를 평가할 때 특히 강조되는 기준은 장식이 대상에 적합한가이다.(자하비/자하비 1998, 375 이하) 대상과 그것을 장식하는 것 사이에는 어떠한 모순도 허락되지 않았다.

사랑의 신호

미를 일반적인 관점에서 볼 때, 다윈의 이론이 세부적으로 어떻게 더 발전했건 그와 상관없이 분명한 것이 하나 있다. 그것은 진화생물학에서는 미적 신호와 이에 반응하는 지각능력을 항상 성과 향상된 생식 가능성으로 본다는 점이다. "사랑의 신호"(그라머 1993)는 외모, 눈과 모발의 색, 음성으로 전달된다. 아름답게 느끼는 미적 형식들은 유전적, 신체적 건강함을 표시하기 때문에 모두가 선호하는 특성이 된다. 이런 점에서 미적 형식들은 진화과정을 통해 형성된 것이라고 할 수 있다. 이는 아름다운 것이란 단순히 주관적인 선호와 생각을 표현한 것이 아니라는 뜻이다. 즉 미는 관찰자의 눈에 있지 않다. 미에는 주관적이 것이 아닌 "진실의 실체"가 담겨 있다.(그라머 2007, 77) 미는 우리가 관찰할 수 있는 특징들 속에 표현된다. 여기에는 몸의 상태를 알려주는 다양한 측면, 예컨대 건강, 면역력, 정력, 생식력 혹은 유전적 성향에 관한 정확한 정보들이 담겨 있다. 대칭이 미의 근본 형태에 속한다는 것은 사람 얼굴의 대칭관계가 건강함을 표시한다는 사실을 통해 설명된다. 왜냐하면 환경적 요인이나 유전적인 장애가 종종 비대칭을 유발하기 때문이다.

얼굴 형태가 대칭적인 경우 이는 매우 안정적인 발육상태를 나타낸다. 이런 얼굴을 한 사람들은 정상적인 성장궤도에서 약간 벗어나더라도 자신의 유전적 자질을 근거로 그 결함을 만회할 수 있다.(그라머 2007, 81)

미의 이념을 이렇게 생물학적인 해석과 연결시키는 것은 분명히 매력적인 일이다. 이에 따르면 결국 성적 파트너가 될지 모르는 상대의 아름다움은 일차적으로 자기재생산의 성공 가능성과 관계가 있다. 메닝하우스의 표현대로 하자면 "아름다운 대상은 아름다운 대상이기 때문에 선택되는 것이 아니다. 아름다운 대상은 그것을 선택하는 사람의 종족번식을 확실하게 보장해주는 용기이기 때문이다."(메닝하우스 2003, 217)

메닝하우스의 미 개념은 플라톤학파의 생각에 가깝다. 플라톤학파의 미 이론에 따르면 사랑의 충동은 아름다운 것에 매료되어 생식과 생산을 하도록 만든다. 그러나 아름다운 것에 대한 성적 즐거움은 시간이 지나면서 독자적인 것이 된다. 그러면 성적인 것 외에 미적인 것으로 간주되는 또 다른 대상들과도 즐거움을 나누게 되며, 마침내는 예술에서도 기쁨을 느끼게 된다. 어떤 미적 열망도 자신의 속내를 숨길 수는 없다. 모든 예술은 결국 "성적, 경제적 의미의 구애에 해당한다. 어쨌든 중요한 것은 자신의 장점을 드러내고 자랑함으로써" 다른 사람들을 자기편으로 만드는 것이다. 그렇다고 해서 이 목적을 위해 만들어진 예술이 일상의 미적 기준과 반드시 일치해야 하는 것은 아니다. 때로는 주변 사람들에게 아주 강한 미적 충격을 주는 사람이 사랑을 받을 수 있다. 도발을 일삼는 예술가들도 주목을 받으면 매력적인 예술가가 된다. 예술은 아름다울 필요가 없다. 남성 예술가를 좋아하는 여성 팬은 항상 아름다워야 한다. 이것이 미에 대한 진화론의 핵심 생각이다. 그러므로 궁극적으로 유효성을 갖게 되는 것은 늘 예술미가 아니라 자연의 아름다움, 무엇보다 인간 본성의 아름다움이다.

제6장

일상의 미: 유행, 디자인, 광고

예술에서는 미의 의미가 계속 의문시되고 있지만, 일상에서는 여전히 중요한 가치로 간주된다. 유행, 디자인, 광고, 미용이 존재할 수 있는 이유는 이들이 아름다움을 약속하기 때문이다. 이와 마찬가지로 미적으로 형상화된 일상품들도 아름다운 환경이나 전망처럼 양질의 삶을 나타내는 표시이다. 광고로 넘쳐나는 현대의 삶, 소비의 거리와 궁전들, 라이프스타일 잡지들, 영상광고, 광고 포스터, 비디오 클립 미학은 직접적이건 간접적이건 미에 대한 요구를 담고 있을 뿐 아니라 그 요구를 인정한다. 이 장에서는 일상에서 경험하는 다양한 형태의 미 중에서도 특히 유행, 디자인, 상품미학과 같이 범례가 되는 부분들을 살펴보고자 한다.

대중적인 것의 미

"현대예술에서는 미의 권위가 실추되었지만, 유행, 디자인, 광고, 미용 등과 같은 일상미학의 분야에서는 미를 긍정하는 태도가 크게 확산되었다."(메닝하우스 2003, 170) 이것은 간과할 수 없는 대세이다. 모더니즘 예술이 100년여 전에 추한 것, 충격, 선정적인 것, 역겨운 것, 실험, 경계 허물기 등을 미적 성찰과 미적 생산의 중심주제로 삼았다면, 이와 달리 다양한 일상 문화에서는 미의 이념이 입지를 굳혀 갔고, 특히 수년 전부터는 전대미문의 승리를 구가하고 있다. 1990년대까지만 해도 사람과 의상의 아름다움에 대해 말하는 것은 다소 비난을 자초하는 터부에 속했다.(슐라퍼 1996, 10) 그러나 부티크, 패션쇼, 브랜드 잡지, 쇼핑가, 자동차, 휴대폰 등의 미학은 이제 아름다움이 없이는 생각할 수 없다. "시간이 지나면서 대중적인 것의 미학은 어디에나 있다."(마제 2008) 디자인과 우아함, 스타일과 글래머, 매력과 피트니스, 패션과 분위기 등과 같이 서로 상이한 개념들을 사용하지만, 이 개념들 안에는 공통적으로 미에 대한 숭배가 내재되어 있다. 이 미 숭배의 근본적인 형식 언어는 모더니티를 강하게 표방하지만, 때로는 그 기원을 고대에서도 찾을 수 있다. 일상의 삶을 심미화하는 것이 하나의 강령처럼 요구되던 소위 포스트모더니즘 이후부터(벨쉬 1993) 디자이너, 그래픽 디자이너, 건축가, 유행을 만들어내는 사람들은 크게 주저하지 않고 전통 형식들을 차용하고 있다. 하지만 이 언어들은 종종 아이러니하게 굴절된 암시의 형식으로 사용된다.

미에 대한 의지가, 아니 최소한 미에 대한 동경이 표현된 일상의 현상들을 단순히 미적인 것의 외부 측면이라고 말할 수는 없다. 유행, 광고, 디자인은 미의 표현으로만 이해되고 기획되는 것이 아니다. 그것들은 늘 특정한 기술적, 사회적 기능을 가지고 있다. 여기서 미는 고도로 복잡해진 기호체계를 형성하는 특징이며, 사람들은 바로 이 기호체계를 통해 자기가 원하는 이미지, 사회적 소속감, 성적 구애나 자존감에 대해 서로 소통한다. 아름다워야 하는 것이 디자인의 최종 목적은 아니지만, 미는 종종 사람들이 선호하는 표현방식으로 채택될 수 있다. 흥미로운 것, 일탈한 것, 비범한 것, 유별난 것, 사치스러운 것, 이국적인 것, 퇴폐적인 것 혹은 금욕적인 것 등이 있긴 하지만 일상에서(도) 늘 근본적인 미적 가치로 자리매김하는 것은 미이다. 사람들은 의상, 고가의 일상품, 새로운 건축, 창의적인 광고들까지도 다 "아름답기"를 원한다. 이러한 경향이 더 심화되면 개성과 다양성을 중시하는 서구 문화에서조차 스튜어디스의 단정한 유니폼이나 수도승의 후드 외투와 같은 "획일성의 미"가 다시 주목을 받게 된다.(멘트게스/리하르트 2005)

유행

유행은 "모더니즘 현상" 중 하나이다.(하르트무트 뵈메 2009, 49) 과거에는 '복장'이 있었고, 성별에 따른 그리고 사회적 구속력을 가진 복제 규정이 있었다. 유행은 오랫동안 변치 않던 의복 규정으로부터 옷을 해방시켰고 의상미학의 출현을 가능하게 했다. 그러나 유행에서 중요한 것은 매력적인 겉옷의 미학 그 이상에 있다. 미국의 경제학자 소스타인 베블런(1857~1929)이 『유한계급론』에서 확언했듯이 현대 사회에서 의복은 직접적 필요(추위와 더러움을 막아주는 기능)가 아닌 "정신적" 필요에 속한다. 상류층에게 정신적 필요란 잘 어울리고 시선을 끌고 유행에 맞는 옷을 입음으로써 얻게 되는 자신의 가치이다. 이 필요는 옷이 아주 비실용적이고 불편해도, 아니 불편해야 더 충족된다.(베블런 1981, 128 이하) 일찌감치 이를 간파한 칸트는 『실용적 관점에서 본 인간학』에서 다음과 같이 주장한다. “유행을 모르는 바보보다는 유행을 아는 바보가 낫다. 그러나 유행의식은 좋은 취미와는 무관하며, 오히려 변형된 자만이라는 특성을 가지고 있다.”(칸트 XII, 572)

유행 속에서, 유행을 통해서 얻을 수 있는 사회적 인정과 소속에 관한 문제가 좋은 취미의 문제보다 더 중요할지 모른다. 게오르크 짐멜(1858~1918)은 1991년 그의 유명한 에세이 「유행」에서 유행이 서로 모순된 두 종류의 사회적 경향, 즉 “귀속욕구”와 “차별욕구”에서 나온다고 주장한다.(짐멜 1983, 32) 사람들은 한편으로는 유행을 통해 남들과 다른 점을 부각시키고 자기만의 스타일과 취미를 과시한다. 다른 한편으로는 특정한 의상미학이 유행하려면 한 개인을 넘어 다수의 사람들이 그 옷을 입고 받아들여야 한다. 유행하는 것은 새로운 것, 놀라운 것, 시대에 맞는 것이며, 유행을 의식하는 사람은 자신의 취미를 통해 늘 시대의 첨단을 걷는다. 그에게 유행이나 경향, “사람들이 많이 찾는” 스타일, 최신 액세서리를 놓치는 것보다 더 나쁜 일은 없다. 이렇게 그는 유행의식을 매개로 서로 연결되는 집단에 속하게 된다.

유행의 근원은 정확한 지침에 따라 신분, 사회적 지위, 결혼 여부, 직업 등을 표시하던 위계사회의 복제 규정에서 찾을 수 있다. ‘유행의 언어’에 관해 매우 복잡한 논문을 발표한 롤랑 바르트(1915~1980)는 유행을 “옷을 통해 전달되는 코드”라고 규정했다. 우리는 옷으로 말한다.(바르트 1985, 67 이하) 특정한 복장이나 그 규정은 오늘날까지 사회적 문맥 속에서 그 의미가 결정된다. 파티복, 결혼 예복, 캐주얼 스타일의 옷, 양복, 수영복, 이브닝드레스 등이 전달하는 코드는 비교적 쉽게 해독할 수 있다. 물론 개인적으로 변형될 수 있으며 낯선 문맥 속에서 원래 의미와는 다른 표현 가능성이 생길 수 있다. 누군가가 암묵적인 관습을 깨고 청바지 차림으로 오페라 초연에 간다면 이것은 특정 복장을 선호하는 태도 이상의 것을 표현한 것이다. 이 행동이 기존 관습의 무시이건, 특정한 의복 규정에 대한 의도적 항의이건, 아니면 '나는 가난하지만 오페라를 사랑한다'는 메시지를 전달하는 것이건, 이렇게 복장을 통해 전달되는 코드는 상류사회에서만 중요한 역할을 하는 것은 아니다. 청소년들의 하위문화에서도 언어로 표현할 수 없는 복잡한 사회적 관계들이 복장, 유행, 브랜드를 통해 전달된다. 이러한 연관관계 속에서 미는 복잡한 기호체계 속에서 기능하는 하나의 신호가 된다. 특별한 형식, 모양, 재료에 주의를 기울이는 사람은 이를 통해 구별, 경계, 소속을 표시하는 특징을 다시 한 번 획득하게 된다.

특정 사회계층에 속하기 위해서 유행에 따르던 시대는 지났다. 유행의 문제에 있어서 '마음에 들면 된다'는 구호는 오래전부터 적어도 형식상으로는 유효해왔다. 그렇다고 유행의 영역에서 주관성이 인정된다는 뜻이 아니다. 짐멜은 일찍이 유행을 철저하게 지키는 사람은 아무리 개성을 강조하더라도 "비교적 획일적"으로 보인다고 말한다.(짐멜 1983, 33) 청소년들의 하위문화에서 선호의 대상이 되는 파격적인 복장은 오히려 엄격하게 규범화된 기준이 될 수 있다. 이것은 잘 알려진 패러독스이다. 그렇게 되면 모두가 똑같이 이상한 청바지를 입고, 특이한 운동화나 부츠를 신으며, 밀리터리 룩 복장을 입는다. 이 군복 패션을 통해 제복에서 차용한 것은 "유행에 의한 대중적 개인화" 경향의 특징이 되고, 이로써 그것은 "현대 복장의 매트릭스"가 된다.(옌스 2005, 200) 이와 함께 유행이 된 제복에는 여러 상이한 미 개념들이 중요하게 간주했던 일련의 미적 신호들이 서로 연결된다. 거기에는 대칭, 비례, 특정 신체 부분의 강조, 에로틱하거나 호전적인 메시지, 자극적인 색 등이 포함된다.

유행에서 미의 문제는 특이하게 이중적이다. 일부 유행들은 의도적으로 추한 것, 값싼 것, 진부한 것, 조야한 것들을 소재로 삼는다. 이런 경우를 제외하면 우리는 비교적 오래 지속되는 미의 이상을 유행에서 발견한다. 새로운 유행들은 모두 다 이 미적 이상에 맞춰 기획된 것들이다. 그러나 미가 유행에서 다시 영원하고 지속적인 부분과 상대적인 부분으로 나뉘는 것은 "유행의 간계" 때문이다.(보벤셴 1986, 23)

프리드리히 테오도르 피셔(1807~1887)는 이와 관련하여 "유형"이라는 개념을 사용한다. 유형은 시즌마다 바뀌는 유행과 상관없이 서서히 변한다.(피셔 1986, 69) 턱시도, 이브닝드레스, 미니스커트, 콤비 양복과 같은 유형들은 유행에 따라 조금씩 변형되기 때문에 다 나름의 역사가 있지만, 오랜 기간 지속됐기 때문에 유행의 미적 기준이 되기도 한다. 과감한 변형을 시도하려는 의지만큼 이렇게 미적으로 지속적인 것이나 동일한 것이 없다면, 영원한 회귀가 없다면 유행은 아마도 존재하지 못할 것이다.

디자인

지난 수년간 일상과 미의 관계에 대해 활발한 논의가 있었지만 그 중에서 디자인만큼 일반 의식에 각인된 분야도 없다. 수공업 방식으로 제작된 일상품의 미적 조형을 위해 공예 개념을 사용하던 시대는 끝났다. 이와 마찬가지로 "형식은 기능을 따른다"는 루이스 설리번(1856~1924)의 주장도 이제 유효하지 않다. 점점 더 산업화된 공정에 의해 생산되는 제품과 새로운 기술의 산물인 TV, 면도기, 세탁기, 주방기구, 오디오, 휴대용 라디오, 노트북, 휴대폰 등이 익명으로 만들어지던 시대도 지나갔다. 이제 모든 것은 디자인이 되었고, 디자이너는 예술과 상업이 교차하는 지점에서 스타로 부상했다. 그리고 조형의 의지는 인간과 관련된 분야나 대상에 속하는 것이면 어떤 것도 그냥 놔두지 않는다. 건축에서 인테리어까지, 가구에서 기술까지, 침구류에서 수도꼭지까지 모든 것이 의식적인 조형의 대상이 된다. 어떤 대상의 외관과 형태가 디자이너의 작품이라면 그것은 고급제품, 즉 디자이너의 제품이 된다. 이러한 발전에 대해 비판적인 사람들은 디자인의 승리를 다음과 같이 이분법적으로 '설명'한다. 외적 가상이 본질을 지배하고 은폐하며, 피상적인 것이 본원적인 것을 제압한다. 그리고 "존재" 대신 이제 "디자인"이 자리를 차지하게 됐다.(구겐베르거 1987)

미는 디자인의 문제에서 중심적인 역할을 한다. 디자인의 과제는 일상성과 기능성을 지닌 사물이 아름답게 보이도록 날것의 모습을 지우고 미적 자극을 부여하는 것이다. 이것이 바로 디자인의 승리를 수긍하게 만드는 대목이다. 디자이너 제품은 세련된 취미를 반영하며, 거기에는 당연한 것이 된 기능보다 더 중요한, 사물의 외형에 대한 존중이 담겨 있다. 이를 우리는 미의 독자적인 변형 혹은 "조형자의 미"라고 말할 수 있다. "조형 전문가가 아름답게 생각한 것이 아름다운 것이다"라고 정의하기 때문에 조형자의 미는 순환적 개념이다.(숄츠 2008, 168) 이 동어반복적인 정의에서 알 수 있듯이 디자이너는 사물에 자신의 스탬프를 자의적으로 찍을 수 있다. 이렇게 디자이너의 역할을 강조하다 보니 그는 일상문화의 미적 기준을 결정하는 권위를 갖게 된다.

이러한 미의 표상에 힘입어 창의적인 디자이너는 예술가 수준으로 상승될 수 있다. 그러나 이는 디자이너를 예술가로 인정하지 않는 미의 개념들에 의해 부정되기도 한다. 소비자들이 표상하는 "사용자의 미"와 판매 기대에 맞게 제품생산자가 표상하는 "제작자의 미" 외에 "매체의 미"가 새롭게 부각되고 있다. 이것은 현대의 매체들이 제품을 소개하는 방식으로서, 주문자는 이를 통해 특정 디자인을 채택한다. 그러나 여기서 중요한 것은 매체의 미가 어느 것보다 빨리 사라진다는 점이다.(숄츠 2008, 163 이하) 사람들은 인정된 디자인이 종종 전혀 다른 미의 표상들을 화해시키는 역할을 한다고 말한다. 그러나 이러한 조건 하에서(도) 디자인은 그것이 무엇이건 "예술과 실용의 혼종으로 남는다."(숄츠 2008, 175)

상품미학

일상의 삶에서 상품의 미학에서만큼 미의 문제가 위험한 것으로 간주되는 곳은 없다. 자유 시장경제 체제의 사회에서 거래되는 모든 상품들에는 특별한 의미가 부여되어 있다. 상품은 욕망의 대상이나 만족의 수단일 뿐 아니라 사람들이 선호하는 것, 그리고 그들의 이상, 동경, 공포에 대한 정보도 제공한다. 그러므로 이 물건들이 시장에 제공되는 방식은 결코 부차적이지 않다. 구매자의 기호에 맞게 상품을 매력적으로 제공하는 일은 구매 자극제로 작용할 뿐 아니라 시장의 미학을 결정한다. 이 점은 차치하고, 고도로 발전된 산업사회의 생산방식은 다양한 제품들을 제공한다. 이렇게 동일한 유형의 제품들이 상이하게 제공되기 때문에 소비자들은 제품들의 특징을 보고 선택해야 한다. 그 특징들 중 하나가 제품이 제시되는 방식이다. 특정 장르에 속하는 제품들은 이제 기능이나 질적인 면에서 거의 차이가 없으며, 또한 동일한 수준과 규범을 따른다. 사람들은 오직 겉모습만 보고 제품을 구분한다. 실제건, 가상이건 현재 존재하는 시장보다 더 미의 약속이 통용되는 곳은 없다. 미, 디자인, 형태는 단순한 사용가치를 넘어 최소한 자유, 행복, 섹스, 성공을 약속한다.

그러나 이러한 미의 약속이 무엇보다 상품미학과 연결되면 쉽게 지킬 수 없는 약속이 된다. 왜냐하면 미는 이행하지 못할 약속을 하면서 소비자들의 구매욕을 불러일으키는 전략으로 사용되기 때문이다. 1971년 초판 이후, 2009년에 다시 개정 증보판으로 출간된『상품미학 비판』은 수많은 논쟁을 불러일으킨 책이다. 저자인 볼프강 프리츠 하우크(1936~)는 상품미학에 대한 자신의 유보적 태도를 다음과 같이 피력한다. "상품이란 현상은 지킬 수 있는 것보다 늘 더 많은 약속을 한다. 이 점에서 그것은 사람들을 속이는 가상이다." 상품의 미는 인간의 동경과 욕망을 반영하는 거울과 같으며, 그것들의 충족을 약속만 하지 책임은 지지 않는다. 우리 앞에 빛나는 것 뒤에는 아무 것도 없기 때문이다.(하우크 2009, 80) 미는 약속을 지키지 않기에 곧 인간을 기만하는 것이다.

다른 사람들은 이 사태를 비교적 관대하게 바라본다. 건축이론가이자 도시조경사인 게오르크 프랑크(1946~)는 1998년에 출간된『관심의 경제학』에서 관심이 하나의 "가치"가 된 세계에서는 문화 전체가 "매력"이라는 원칙에 집중한다고 말한다. 이 새로운 "현실원칙"의 중심에는 스타와 스타 숭배가 있다. 이렇게 자극이 넘쳐나는 매체의 시대에 중요한 미적 전략은 사람들의 주의를 끌 수 있고, 기억에 남고 금방 사라지지 않는 인간의 이미지를 만들어내는 것이다.(프랑크 1998, 168 이하)

최근에는 전체 산업 분야가 이러한 관심을 배가시킬 수 있는 새로운 미적 전략을 수립하는 데 전력을 기울이고 있다. 놀라운 것은 인간과 브랜드를 제시하는 방식이 종종 고전적인 미의 규범을 따른다는 점이다. 한 의류업체의 주문에 따라 제작된 올리비에로 토스카니(1942~)의 도발적인 광고사진처럼 아름다운 주제를 병들고 죽어가는 추한 인간의 모습으로 대체하는 것은 이례적인 일이다. 이 광고사진은 논란이 됐긴 하지만 광고물로서는 그다지 성공을 거두지 못했다. 현대예술에서 추한 것과 혐오스러운 것은 당연한 것이 됐지만, 광고의 세계에서는 그다지 효과를 거두지 못했다. 일반적으로 광고나 PR은 허위적인 것이건 진정한 것이건, 인간의 미적 욕구를 충족시킬 수 있는 형식 언어를 선호한다. 여기서는 변형될 수 있는 가능성이 제한적이다. 그래서 광고 팸플릿, 고급 잡지나 패션 잡지는 비디오클립처럼 시대정신에 맞게 스타일과 주제가 변주되지만, 중심화두인 매력, 우아함, 에로틱, 젊음, 미는 그 의미를 잃지 않고 있다.

지난 수년간 광고 분야에서 미의 의미가 크게 부각된 것은 주목할 만한 일이다. 1950년대 이후 광고에 등장하는 여성 모델들은 "아름답긴 해도 아주 에로틱한 미를 갖고 있진 않았다." 또한 주부나 엄마 역할을 맡은 여성들의 소소한 이야기를 다룬 일상적인 장면들이 광고를 지배했었다. 그러나 오늘날 광고 모델들은 너무 아름답고 너무 에로틱하게 연출돼서, 패션 광고와 같은 일부 특정 분야에서는 그 정도가 포르노 수준에 도달했다.(트랍 2007, 214) 광고에서 미의 비중이 커지는 새로운 추세는 마침내 남성의 몸으로까지 파급되었다. 오랫동안 남성 광고 모델에는 미가 아닌 다른 기준들이 적용되었다. 1980년대까지만 해도 남성의 몸은 심미적이고, 에로틱한 광고 메시지를 전달하기에 부적절한 대상이라고 생각했다. 남성들은 시민계층의 전형적인 직장인이나 모험가로 등장했으며, 이들이 상징하는 가치는 미가 아닌 신뢰, 자율성, 자유였다. 1980년 후반부터 사람들은 남성을 광고에 적합한 아름다운 성으로 발견하였다. 이제 남성들에게도 젊음, 깨끗한 피부, 조화로운 표정, 다시 말해 아름다운 인간의 고전적 특징들이 중요하게 되었다. 광고 포스터에 나체로 등장하는 남성 모델들은 고대의 모범에 따라 일반적으로 체모 없이 자신의 몸을 드러낸다.(트랍 2007, 216 이하) 이로써 우리는 미 개념이 발전해온 역사의 출발점으로 다시 돌아가게 되었다. 즉 인간의 아름다움으로 회귀한 것이다.

제7장

매력: 인간의 변형 가능성

마지막 장에서 논의되는 문제는 미의 가장 어렵고도 논란이 되는 측면이다. 인간은 왜 그리고 어떤 기준에 의해 아름답게 지각되는가? 이 질문은 사회적 삶을 위해 늘 중요한 관심사였다. 왜냐하면 인간의 도덕적, 윤리적 자질을 외적인 아름다움에서 추론해냈기 때문이다. 이 매력에 관한 현대의 연구는 아름다운 사람이 많은 장점을 누린다는 일상적인 선입견과 표상을 입증하고 있다. 그런데 여기서 미의 기준에 대한 질문은 우리가 생각하는 것처럼 그렇게 주관적이지는 않다. 이제 미는 거의 인간의 의무이자 자기책임이 되었고, 모든 사람은 자기의 외모를 최적의 상태로 만들고 싶어 한다. 이로 인해 뷰티 산업계는 전례 없는 호황을 맞고 있다. 이 밖에 인간은 자신의 몸을 변형시키고 표현할 때 어디까지 책임을 져야 하는지, 이에 대한 철학적, 윤리적 질문도 중요한 주제가 된다.

아름다운 인간

칼 마르크스(1818~1883)에 따르면 인간은 "타고난 기준"을 모든 사물에 적용하는, 다시 말해 미의 법칙에 따라 지각하고 생산할 줄 아는 유일한 존재이다.(『마르크스 엥겔스 전집』, 보권 1, 517) 이것은 인간 스스로에게도 적용된다. 인간은 이 미의 법칙에 따라 자기 자신도 생산한다. 아름다운 인간은 모든 미에 관한 논쟁의 중심에 서 있다. 신체적 매력에 대한 동경은 많은 사람들의 사유와 감정을 지배한다. 오늘날 미용 산업이 가장 성공적인 경제 분야가 된 것은 결코 놀라운 일이 아니다. 아름다움을 약속하는 향수제품이나 화장품은 물론이고 여성 독자뿐 아니라 남성 독자들에게도 이상적인 아름다운 인간상에 가능한 가깝게 갈 수 있는 힌트와 계책을 알려주는 미용 관련 잡지들도 이 분야에 속한다. 미용수술의 급증을 통해 알 수 있듯이 사람들은 이제 전면적으로 미의 기준에 따라 자신의 몸을 변형시키기 시작했다. 좀 더 큰 문맥에서 보면 아름다운 몸과 얼굴에 대한 욕망은 어떤 큰 트렌드의 한 양상이라고 볼 수 있다. 이 경향에는 도핑에서 성형수술 그리고 노화방지에 이르기까지 자기 스스로 책임지는 가치향상의 상이한 전략들이 포함되어 있다.(쇠네-자이페르트/탈보트 2009)

"어떤 것도 아름답지 않다. 오직 인간만이 아름답다. 모든 미학은 이 천진난만한 생각에 기초한다. 이것이 미학의 첫 번째 진리이다." 니체는 『우상의 황혼』에서 이 주장에 이어 다음과 같이 덧붙인다. "본성을 잃어가는 인간보다 더 추한 것은 없다. 이로써 미적 판단의 제국에는 국경이 생기게 되었다."(니체, 『니체 전집』 6, 124) 본성을 잃는다는 말은 시간이 지나면서 니체가 살던 시대와는 다른 의미를 갖게 되었다. 하지만 이 말은 고대부터 인간의 미에 관한 담론을 수반하고 지배했던 미묘한 관계, 다시 말해 신체적 매력과 도덕적 자질 사이에는 연관관계가 있다는 점을 암시하고 있다. 인간의 아름다움은 무관심한 만족을 주거나 성적, 에로틱한 신호를 전달할 뿐 아니라 내적, 도덕적 자질을 나타내기도 한다. 현대의 매력 연구는 여러 조사를 통해 살펴보지만 늘 동일한 결론에 도달한다. 즉, 추하게 느껴지는 사람들과 달리 아름다운 인간에게는 근본적으로 늘 긍정적인 특성들이 부여된다는 점이다.(렌츠 2007, 192 이하) 매력에 관한 이러한 고정관념들은 고대의 칼로카가티아의 현대적 등가물이라고 할 수 있다.

이것은 결코 새로운 사항이 아니다. 18세기에 스위스의 목사이자 철학자였던 요한 카스파르 라바터(1741~1801)는 얼굴 모습, 눈의 위치, 턱 부위와 귀의 모양과 같은 신체적 특징이나 자세를 근거로 성격을 파악하려고 했다. 라바터는 얼굴의 아름다움과 추함은 한 사람의 도덕적 아름다움과 추함과 비례한다는 전제에서 출발한다. 그리고 이 전제를 다음과 같이 요약한다. "도덕적으로 더 나으면 나을수록 더 아름다워지지만, 도덕적으로 나쁘면 나쁠수록 더 추해진다."(라바터 2004, 53) 그러나 라바터는 외모와 도덕적 자질의 일치가 성격 발달의 전제가 아니라 그 결과라는 점을 강조한다. 고귀한 행동과 생각 그리고 부도덕한 행동은 오랜 시간에 걸쳐 얼굴 모습을 결정한다. 미덕은 한 사람을 아름답게 만들지만, 악덕은 추하게 만든다.

물론 여기에는 선과 악이 여러 관상학적 기호들과 일치한다는 생각이 바닥에 깔려 있다. 이 기호들은 선천적으로 주어진 것을 바탕 삼아 한 사람의 모습과 태도를 각인하고 형성한다. 적어도 일상에서는 이 기호체계가 계속 작용한다. 맑은 얼굴 표정과 친절한 미소, 그리고 교활한 눈빛과 잔인해 보이는 턱이 이 기호체계에 속한다. 그러나 라바터에 대해 비판적이었던 게오르크 크리스토프 리히텐베르크(1742~1799)는 "미덕은 한 사람을 아름답게 하지만, 악덕은 추하게 만든다"는 원칙에 의구심을 표명한다. 왜냐하면 얼굴 표정은 놀라울 정도로 거짓말을 잘 하기 때문이다. 어떤 사람은 어떤 행동을 한 번만 해도 얼굴에 나타나지만, 어떤 사람은 그런 행동을 수천 번 하더라도 얼굴에 그런 기색을 전혀 보이지 않기 때문에 그는 얼굴 표정을 의심했다.(리히텐베르크 1992, 116)

라바터는 인간 이해의 입장에서 관상학을 주창했다. 물론 외모와 성격 사이에 확실한 연관성이 있다고 학문적으로 입증할 수는 없지만, 우리는 일상생활에서 좀 더 아름다운 사람이 실제로 더 좋은 사람일 거라는 생각을 갖는다. 그래서 이런 사람은 덜 매력적인 사람과는 다른 관심과 호응을 받게 된다. 선생님들은 더 아름다운 아이를 예뻐하며, 더 아름다운 사람은 법정에서 승소할 가능성이 더 크며, 매력적인 영업사원은 덜 매력적인 영업사원보다 실적을 더 많이 올릴 수 있다.(렌츠 2007, 197 이하) 게다가 아름다운 사람이 덜 매력적인 사람보다 더 성적 욕망의 대상이 되는 것은 자명하다. 아름다운 사람은 삶에서 분명히 더 많은 것을 얻는다. 어느 누구도 "매력의 은밀한 힘"을 거부하기 어렵다.(나우만 2006) 이와 관련된 심리학 실험을 통해 사람들은 매력적인 특성을 부여하는 일과 이와 관련하여 갖게 되는 생각 사이에 어떤 연관관계가 있는지 조사했지만 미에 대한 객관적인 기준은 제시하지 못했다. 좀 더 정확하게 말하자면 신체적으로 덜 매력적인 사람들보다 아름답다고 여기며 우리의 미 감정에 어필하는 사람들을 우리는 다르게 대한다. 이것은 우리가 그러한 상투적인 틀을 의도적으로 벗어나려 하더라도 마찬가지이다.

매력의 기준들

모든 사람은 아니지만 적어도 대부분의 사람들이 동의하는 인간의 아름다움에 대한 일반적인 특징을 실험을 통해 발견하려는 시도가 있었다. 미의 감정은 근본적으로 문화나 환경에 의해 결정되기 때문에 많은 변천과 변화를 거듭해왔다. 이것은 이미 오래전에 입증된 사실이다. 인간에 대한 고대의 미적 이상은 17세기의 미적 이상과는 분명히 다르며, 아시아나 아프리카의 미적 이상은 서구의 미적 이상과 확연히 구분된다. 예컨대 루벤스가 묘사한 여인들이 오늘날 모델이 될 가능성은 거의 희박하다. 그러나 지난 수년간 상호 문화연구를 통해 (거의) 확인된 사실이 하나 있다. 모든 문화에는 어디나 할 것 없이 아름답다고 생각하는 주요 특징들이 존재한다는 사실이다. 이러한 연구를 통해 얻은 가장 중요한 결과는 아름다움이 평균치와 결정적인 관계가 있다는 점이다. 사람들은 비범하고 유별나고 눈에 띄고 외향적인 얼굴보다, 오히려 눈에 안 띄는 보통의 얼굴을 더 아름답게 느낀다. 컴퓨터로 여러 이미지들을 중첩시키는 방법, 즉 모핑Morphing 기법을 사용한 심리학 연구와 얼굴의 매력을 평가하기 위해 실시한 인터넷 투표 결과에 따르면, 규칙적이지만 눈에 띄지 않는 얼굴이 미적 이상에 가깝다.(렌츠 2007, 44 이

하) 물론 이 결과는 동어반복적이라고 할 수 있다. 즉 많은 사람들에게 물어볼수록 그들의 미적 취향이 평균치에 가깝게 될 개연성은 통계학적으로 높아진다. 왜냐하면 이렇게 할 경우 평균치 외에 다른 것이 산출되지 않기 때문이다.

일찌감치 칸트는 이것을 "미적 일반이념"이라는 개념으로 설명하였다. 이 점에서 칸트는 오늘날 기술적으로 가능해진 모핑이라는 시각 기법을 이미 오래전에 선취한 것이다. 칸트에 따르면 사람들은 같은 종류의 이미지들이 일치하게 되면 거기서 중간 값의 이미지를 취한다. 이렇게 사람들은 한 번 본 사람들의 이미지들을 중첩시켜 "아름다운 사람에 대한 일반적인 이념"(칸트, 『판단력 비판』 § 17; Ⅹ, 151 이하)을 갖게 된다. 그러나 칸트는 이것이 이미 정해진 문화경험의 가능성에 의해 제약된다고 말한다. 그래서 "이러한 경험 조건 하에서는 특정 형상의 아름다움에 대해 흑인이 갖고 있는 일반이념이 백인의 그것과 다를 수밖에 없으며, 이와 마찬가지로 중국인은 유럽인과 다른 이념을 갖는다." 오늘날에는 문화경험의 가능성에 대해 엄격한 제한이 사라졌다. 이러한 글로벌 조건 하에서는 미적 일반이념을 문화적으로 분명하게 구분하는 것보다 모든 인종들에게 통용될 수 있는 평균치의 미적 일반이념을 더 선호한다.

이렇게 경험적으로 파악한 미적 일반이념은 미를 표상할 때마다 최소한의 공통분모로 작용하지만 이것은 극히 개인의 선호 문제에 해당한다. 실제로 설문조사를 해보면 응답자들은 종합적으로 산출한 평균치의 얼굴 모습을 다른 얼굴보다 더 매력적이라고 생각한다. 그러나 칸트는 "미적 일반이념"과 이와 달리 필연성을 갖는

“미의 이상”을 구분한다. 이 구분은 묘사된 어떤 형상을 교과서 수준이 아니라 광범위하고 진정한 의미에서 정말로 아름답게 느끼는 것을 규정하기 위해서 필요하다. 칸트에 의하면 이 이상은 특히 인간의 내면을 지배하는 도덕적 이념이 구체적으로 표현된 데 있다.(칸트, 『판단력 비판』 § 17; X, 154) 여기서도 선은 진정한 아름다움에 속하지만 그렇다고 선이 미의 필연적인 특성은 아니다. 이것이 아니라 역으로 선은 마음에 드는 어떤 형식이 실제로 엄밀한 의미에서 아름답게 지각되기 위해 필요한 전제조건이다. 평균 규범에 해당하는 매력적인 것과 사람들의 관심을 끌어 감정적 반응을 불러일으키는 아름다운 것 사이의 차이는 일부 경험적 실험을 통해서도 확인할 수 있다. 물론 여기서 도덕성의 이념이 결정적인 역할을 하는 것은 아니다. 실제로 매우 아름답게 느껴진 얼굴은 그것의 특별한 특징 때문에 평균치의 얼굴과는 뚜렷하게 차이가 난다.(렌츠 2007, 54 이하)

그러면 인간의 얼굴을 아름답게 만드는 특징은 무엇일까? 오래전부터 수많은 경험적 연구들이 이 문제를 다루어왔다. 원칙적으로 이 연구의 대상은 여성의 얼굴이었다. 시간이 지나면서 분명해진 것은 신체적 매력은 여성이나 남성이나 모두에게 중요하다는 사실이다.(애런슨 2009, 318) 1986년 루이빌 대학에서 흥미로운 실험이 하나 이루어졌다. 남성 응답자들에게는 여성의 얼굴을 평가하는 과제가 주어졌다. 그 결과 큰 눈, 작은 코, 작은 턱, 높은 광대뼈, 좁은 뺨, 높은 눈썹, 큰 동공, 밝은 미소와 같은 특징들이 매력적인 외모를 결정하는 기준으로 드러났다.(커닝햄 1986, 925 이하) 이와 함께 남성의 매력에 대해서도 연구가 진행되었는데, 여기서도 비슷한 결과가 나왔다. 하지만 남성의 경우에는 강한 턱이 아주 중요한 기준으로 제시되었다. 여성의 경우에는 "소녀 패턴"이 적지 않게 중요한 역할을 한다. 통통한 입술, 아주 큰 눈, 연약한 턱은 일반적으로 여자의 얼굴을 더 아름답게 만든다.(애런슨 2009, 319) 그러나 이러한 특징들이 강조된다고 해서 임의적으로 더 아름다워지는 것은 아니다. 너무 튀어나온 입술은 때로는 정반대의 효과를 낼 수 있는데, 이는 아름다운 얼굴이 아니라, 아름다운 얼굴을 풍자한다.(그뢴들 2007, 63)

이 밖에 남녀를 막론하고 위의 요소들을 보완해주는 세 가지 차원의 근본 특징들이 있다. 바로 매끈한 피부, 대칭적인 얼굴 형태 그리고 젊음이 그것이다. 이로써 현대에 통용되는 미의 감정은 다시 2천 년 전의 미적 이상에 근접한다. 무엇보다 비중이 커져가는 분야는 남성의 미이다. 우리는 고대 그리스 시대의 일상뿐 아니라 예술과 철학에서 "아름다운 청년에 대한 강박"을 쉽게 찾아볼 수 있다. 그런데 오늘날 광고뿐만 아니라 청소년들의 자기 지각이나 타인의 평가에서 볼 수 있듯이 이 강박이 다시 부활하고 있다.(메닝하우스 2003, 267) 잡지, 매체, 모델에 의해 전파되는 아름다운 몸은 고대의 이상에 부합한다. 이는 자세뿐만 아니라 체격, 근육, 어깨, 엉덩이, 매끄러운 피부와 같은 다른 특징들을 보더라도 알 수 있다. 남성의 몸은 유행과 시대정신에 따라 상이하게 표현된다. 이것은 헤라클레스처럼 강한 남성 모습과 아도니스를 연상케 하는 양성적 남성 사이에서 변주된다.

성형수술

미는 한편으로는 자연의 선물이지만, 다른 한편으로는 훈련, 화장, 성형의 산물이기도 하다. 실제이건 혹은 단순한 추측에 불과하건, 아름다운 몸, 사회적 인정, 연애, 성공적인 직업 활동 사이의 연관관계는 지난 수년간 아름답고 싶어 하는 갈망을 현대 사회의 매우 중요한 측면으로 부각시켰다. 미에 대한 숭배가 호황을 맞고 있다.(포쉬 2009, 19) 심지어 미가 "지성보다 더 강하다"면(나우만 2006, 210) 자신의 지성을 미에 투자하는 것이 더 현명한 일일 것이다. 미와 유행의 법칙에 맞게 자신의 몸을 성형하는 일은 최근 들어 비판적인 사람들이 우려할 정도의 수준까지 도달했다. 사회적으로 인정된 미의 기준에 부합하는 사람은 성의 영역에서뿐 아니라 거의 모든 사회적 관계에서 더 많은 기회를 가지며, 성공할 가능성도 더 커 보인다. 이를 두고 사람들은 "미모가 뛰어난 사람만이 생존할 수 있다"(에트코프 2001)고 말한다. 심지어는 이로 인해 아름다운 사람들이 지배하는 세상이 될 것이라고 말한다.(메닝하우스 2003, 252 이하)

많은 사람들의 경험뿐 아니라 경험적인 조사 결과에 따르면 이 명제는 사실과 일치하지 않는다. 그럼에도 불구하고 아름다움을 좇는 욕망은 끝이 없고, 비용과 고통을 감수하더라도 성형을 하고 싶어 하는 사람들이 급증하고 있다. 성형수술을 원하는 고객은 이제 특정 성과 계층에 국한되지 않는다. 또한 지방 흡입, 유방 확대 및 축소, 코와 귀의 교정, 주름 성형, 입술 확대 등과 같은 "고전적" 시술 외에 외부에 공개되지 않는 신체의 은밀한 부분까지 점차 외과 수술의 대상이 되고 있다. 포르노 배우들을 따라 하는 소음순 교정술(대개가 축소 수술)은 특히 젊은 여성들 사이에서 각광을 받고 있다.(투르코프 2009) 미국에서는 한때 〈백조The Swan〉라는 캐스팅 쇼가 크게 인기를 끌었다. 이 프로에서는 실제 카메라 앞에서 미운 오리 새끼를 멋진 백조로 둔갑시키는 성형수술이 생생하게 방영되었다. 이 이후부터 적어도 미국에서는 미용성형수술이 대중매체를 통해 소개되는 것이 허용되고 있다.(길만 2006, 177)

이러한 경향 뒤에 무엇이 숨겨져 있는가? 인간이 점점 더 확대되어가는 뷰티 산업의 강요에 종속되는 것일까? 아니면 스스로 자기의 몸을 조형하게 됨으로써 인간의 자기결정권이 향상된 것일까? 현재 성형수술에 대한 문제는 좀 더 광범위한 문맥 속에서 논의되고 있다. 이 문맥에서는 자기 몸의 조작이나 변형, 다시 말해 "몸 기획"이 중시된다.(포쉬 2009, 45 이하) 이렇게 몸을 변형하게 되면 제기되는 문제가 있다. 우리는 단지 매체에 의해 전달되는 뷰티 산업의 표상과 강요에 종속되는 것인가, 아니면 이것은 신체 경험의 한 형태, 즉 신체적, 미적 자기결정의 한 형태인가 하는 문제이다. "자기결정권과 자발적 종속"(빌라 2008, 245) 사이의 긴장관계는 행위예술에서 볼 수 있듯이 자기의 몸을 고통스럽고 충격적으로 연출하는 미적 실험의 수준에까지 이르렀다.(브루너 2008, 21) 실제로 인간의 몸은 태초부터 그저 단순한 관찰의 대상이 아니었다. 인간의 몸은 늘 성형, 조형, 변형의 대상이었다. 이 과정에서는 미적인 측면 외에 다른 측면들도 중시됐었다. 이것은 지금도 마찬가지이다.

성형된 신체가 전달하는 메시지

자연의 상태에서 벗어난 인간은 자신의 필요를 충족시킬 수 있는 수단은 물론이고 더 나아가 자기 자신까지도 생산하기 시작했다. 이에 따라 인간의 몸은 시대마다 늘 다른 규범, 희망, 미적 요구에 부응하였다. 몸에 대한 작업은 문화마다 다르게 나타날 수 있지만, 어느 시대건 인간의 몸이 자연 상태로 있지 않았다는 점은 모든 문화의 공통점이다. 우리의 몸은 항상 사회적, 성적, 미적 메시지를 전달하는 매체였다. 몸은 치장, 장식, 단련, 연마, 변형, 은폐, 노출, 연출의 대상이 되었으며, 특히 수술의 대상이 되기도 했다. 강도는 다르지만 인간의 몸은 늘 작업해야 할 "공사현장"으로 생각되었다.(포쉬 2009, 144)

과거나 현재나 사람들은 몸과 그것의 표현을 통해 성적인 신호, 소속, 취향 외에 사회적 차이에 대해 서로 정보를 교환하고 소통한다. 가치태도와 사회적 지위에 관한 문제는 반드시 그런 것은 아니지만 근본적으로 몸을 통해 표현된다. 특정한 성적 취향의 (노골적인 혹은 은밀한) 암시나 성 차이는 몸의 형태를 통해 코드화된다. 우리는 몸을 만들고 가꾸는 노력이 어떤 수단으로 이루어지건 단순한 미적 규범과 취향뿐 아니라 한 사회의 사회적, 상징적 질서에 대해 정보를 제공하는 기호 목록을 구성하는 일이라고 해석할 수 있다. 아주 근본적인 의미에서 한 사람이 자기 몸에 대해 취하는 태도나 방식은 사회적 문맥 속에서 그의 존재를 결정한다. 몸에서 어떤 냄새가 나는지, 차림이 단정한지 아닌지, 화장을 했는지 안 했는지,

머리 손질은 했는지 안 했는지, 긴장한 태도인지 아니면 부주의한 태도인지, 행동이 활기찬지 아니면 위축되어 있는지, 똑바로 걷는지 고개를 숙이고 슬그머니 걷는지, 이 모든 것은 종종 무의식적으로 우리의 지각에 영향을 끼친다. 또한 이것들은 상대방과 대화하기 전에 미리 그에 대한 호감과 반감, 수용과 배척 그리고 신뢰와 불신을 결정한다. 라바터의 관상학은 합리적이진 않지만 일상 어디에서건 여전히 효력을 발휘하고 있다. 몸과 그리고 그것의 표현이나 연출은 우리가 원하건 원하지 않건 주변 환경에 보내는 매우 중요한 일차 신호로서 작용할 수 있다. 그러므로 당연히 사람들은 몸을 자연 상태로 놔두지 않는다. 그러나 과거의 문화와는 달리 의학과 이와 연결된 기술 발전에 힘입어 인간의 몸은 좀 더 직접적으로 개조할 수 있게 되었다. 이것은 단지 치장, 의상, 화장을 통해 신체적인 결함을 보완하는 것이 아니라 근본적인 문제 해결의 가능성을 제시하는 것이다. 오늘날 유행은 신체적 결함을 너그럽게 감춰주지 않고 가차 없이 다 폭로한다.(메닝하우스 2003, 265) 날씬하고 균형 잡힌 몸매를 갖지 못한 사람들은 유명 디자이너가 디자인한 청바지를 입을 수 없을 것이다.

오래전 선사시대의 문화에서는 몸이 표현 수단으로 사용되었다. 여기서는 코걸이, 귀걸이, 목걸이, 머리핀 등과 같은 물건으로 신체를 보완했을 뿐 아니라 신체의 특정 부위(입술, 코, 발)를 성형하고 변형하기도 했다. 현대에는 몸을 미적으로 고려하여 교정하지만, 타투, 피어싱, 낙인branding과 같은 행위는 자기만의 성격을 각인시키기 위해 눈에 띄는 표식을 몸에 남기는 하나의 비문이라고 할 수 있다. 이는 성격이란 말의 어원이 '새겨 넣다', '명령하다'를 뜻하는 그리스어의 charassein에서 유래됐다는 점과 무관하지 않다.(마이어-드라베 2007, 225 이하)

고대 그리스처럼 나체가 하나의 문화적 가치였던 곳에서도 나체는 아무 것도 걸치지 않은 자연의 상태가 아니라 언제나 양식화되고 고도로 연출된 나체였다. 그러나 나체가 금기시된 곳에서는 복제 규정이 몸을 가리는 것 외에 신체나 그 일부를 변형하는 기능을 담당했다. 고대 이집트와 미노스 문화 이후부터 무엇보다 에로틱한 유행은 특별히 주목받고 싶은 신체 부위를 강조하는 기능을 했다. 이러한 문맥에서 보면 자연스러움은 후세가 돼서야 이상적인 가치가 될 수 있었다. 자연스러움이란 이상은 낭만주의 이전에는 통용되지 않았으며, 그 자체가 고도의 예술적 노력이 낳은 산물로 여겨졌다.

그러나 몸과 그것을 변형하는 행위는 인간의 근본적인 문제를 나타낸다. 우리는 두 가지 면에서 우리의 몸과 연관되어 있다. 첫째, 우리의 몸이 우리이다. 우리는 자신의 동일성, 존재, 느낌, 행동 그리고 자기가 세계 안에 존재하는 것을 오직 몸을 통해서 경험할 수 있다. 일부 종교에서는 유체이탈에 대한 동경이 적지 않지만, 우리는 몸과 분리될 수 없다. 게다가 몸은 고통과 쾌락을 일차적으로 경험하는 장소이다. 이런 의미에서 몸은 이중적인 성격을 지닌다. 둘째, 우리는 쾌락과 고통을 내 몸과 일치하는 것으로 경험한다. 이 순간 우리는 몸과 하나가 된다. 하지만 이 실존적 경험의 차원, 특히 쾌락의 경험을 통해 우리는 몸을 쾌락을 주는 도구로 파악하게 된다. 우리는 몸과 일치하지만, 동시에 신체를 가짐으로써 몸과 분리된다. 인류학자 헬무트 플레스너(1892~1985)는 이것을 인간의 본질적인 특징으로 간주하고, 인간 "존재의 이중적인 측면으로서 신체와 몸"을 언급한다.(플레스너 2003, IV, 367) 우리는 의식적이며 자기 반성적인 존재로서 우리의 신체와 관계를 맺고 있다. 우리는 신체를 여러 가지 목적을 위해 사용할 수 있다. 그러므로 신체는 최적의 상태로 만들 수 있는 매체, 수단, 도구로 간주될 수 있다. 신체는 모든 재료와 마찬가지로 가공과 조형이 가능하다. 말 그대로 뭔가를 만들 수 있는 재료가 된다. 서구 교육의 전통이 시작한 곳은 다름 아닌 알몸의 젊은 남성들이 신체를 단련했던 김나지움이다.

윤리적인 관점에서 볼 때 신체 그 자체가 도구화된다면 당연히 신체에 대한 책임 문제가 제기될 수밖에 없다. 신체와 그것의 형성 그리고 경험 가능성이 그 자체로서 목적이 될 수 있는가? 이 문제는 특히 기독교의 관점에서 크게 논란이 된다. 신체는 쾌락의 근원으로서 죄악의 징표로 간주되었다. 신체는 계발해서는 안 되며, 그 역동성을 제한하여 신앙인의 의지에 복속시켜야 할 대상이다. 그러나 세속화된 도덕에서도(칸트를 생각하면 될 것이다) 신체와 그것의 충동은 실천이성을 따른다. 이것은 자신에 대해 어떤 의무와 같은 것을 요구한다. 이 의무에는 신체를 어떤 목적을 위해 수단으로 오용해서는 안 된다는 요구가 포함된다. 칸트는 『윤리형이상학』에서 인간이 자기 자신에 대해 지는 의무를 두 가지 원칙에서 도출한다. "자연에 맞게 살아라." 그리고 "자연이 너를 창조한 것보다 더 완전하게 너를 만들어라."(칸트, 『윤리형이상학』, VIII, 552) 자유롭고 자율적으로 행동할 수 있는 이성적인 존재는 바로 이 자유 때문에 자신의 신체를 거래할 수 없고 어떤 목적에도 종속시킬 수 없으며, 그것을 오용하거나 훼손해서도 안 된다. 다른 사람의 신체에 존중과 주의를 표하듯이, 자신의 신체에 대해서도 그렇게 대해야 한다. 몸을 관리하고 건강에 유의하며, 적절하고 올바른 삶의 방식을 통해 신체의 기능을 유지하는 것도 자신에 대한 의무에 속한다. 칸트는 자살, 성적 본능의 비정상적인 남용, 과도한 식도락을 자기 책임과 배치되는 대표적인 악덕으로 보았다. 칸트가 생각한 완전해짐이란 당연히 신체의 완전함이 아니라 신체적 충동에 대한 이성의 우위이다. 그러나 이 이성의 우위가 적어도 실천이성의 원칙을 따르는 것이라면 그것은 신체의 최적 상태로 표현될 수 있다. 자신의 신체를 다룰 때 윤리적 한계에 대해 깊이 고민하지 않는다면 분명히 큰 문제가 발생할 수 있다. 오늘날 신체변형이란 미명 하에 거론되는 많은 방법들을 보면 분명한 것이 하나 있다. 그것은 자기성형과 자기훼손, 상해와 조형, 아름답게 성형하는 것과 의도적으로 추하게 만드는 것 사이의 경계를 쉽게 그을 수 없다는 점이다.(카스텐 2006)

왜 아름다워지려는 것일까?

이러한 사태의 발전을 지켜보다 보면 성형의 가능성과 그것의 도덕적, 미적 한계뿐 아니라, 어떤 규범, 척도, 기준에 근거하여 신체를 변형하고 신체의 의미를 재해석할 수 있는지에 대해서도 질문들이 제기된다. 모든 문화는 신체에 대한 특정한 표상들을 발전시켜왔다. 이 표상에는 신체의 부분이나 얼굴의 비례, 조화, 대칭 외에 젊음, 매끈한 피부, 탄력 있는 근육이 적잖이 중요한 역할을 한다. 현재 매력 현상을 조사하는 여러 연구들은 이 범주들이 유효하다는 것을 확인했을 뿐 아니라 많은 사람들이 미적으로 호감을 느끼는 것은 평균치에 가깝다는 사실에도 수긍하고 있다. 이러한 결과에도 불구하고 숨길 수 없는 것은 미의 이상이 문화마다 상이하며, 항상 매체를 통해 소통된다는 점이다. 이 점에서 보면 우리는 오늘날 완전히 새로운 상황에 직면하고 있다.

이미지 생산의 기술적 수준이 높지 않던 사회와 달리 오늘날 우리 문화의 이미지 생산은 말 그대로 전대미문의 수준에 이르렀다. 이것은 사고의 실험을 통해서도 쉽게 설명될 수 있다. 중세 때 일반 사람들은 아름다움을 거의 경험하지 못했거나 아니면 아주 특별한 장소에서만 그것을 경험했을 것이다. 예컨대 귀족이나 시민계층 사람들의 멋지고 세련된 외모에서, 종교적, 세속적 건물의 화려함이나 예술에서 그리고 드물긴 하지만 마을 주변에서 볼 수 있는 멋진 자연에서 미를 경험했을 것이다. 미에 대한 고상하고 규범적인 표상은 소수의 교육 받은 사람들만이 가질 수 있었다. 중세 때 그림 성경으로 기능했던 종교예술은 세속적인 미의 이상과는 거의 관계가 없었다. 예수의 고행이나 성인들의 순교는 실제로 아름다운 모습이 아니었다.

오늘날 우리는 아름다운 사람의 이미지들 속에 파묻혀 있다. 이 이미지들은 자신의 메시지를 강하게 전달하지 않더라도 규범적인 힘을 발휘한다. 이 이미지들의 홍수 속에서 우리의 신체는 모두 결함이 있는 것처럼 보인다. 특히 이 이미지들이 현실과 일치하지도, 일치할 수도 없으며, 디지털 조작의 결과인데도 불구하고 그렇게 보이는 것은 하나의 역설이다. 자연 상태의 모든 인간은 이 규범에 부합할 수 없기 때문에 어쩔 수 없이 좌절하게 된다.(가스퍼/가스퍼 2005, 45) 우리는 신체를 교정할 때 이 이미지를 모범으로 삼는다. 이 미적 이상들과 함께 건강, 피트니스, 장수 등과 같은 별도의 가치들이 전달되더라도 마찬가지이다.

우리의 신체를 모델화할 수 있는 가능성은 매우 다양하다. 그러므로 그것들 사이의 차이를 과소평가해서는 안 된다. 이미 선사시대부터 시작된, 신체를 심미화하는 일은 환상의 가능성에 그 토대를 두고 있다. 화장, 목욕, 세련된 의복, 미용, 잘 훈련된 태도나 동작을 통해 무상한 미의 가상이 만들어진다. 그래서 오랫동안 화장한 여성들을 곱지 않은 시선으로 바라본 것은 그들이 없는 아름다움을 가장했기 때문이다. 한편 이러한 방법들이나 운동과 훈련을 통해 신체를 가꾸는 일은 모두 가역적이다. 화장을 지우면 맨 얼굴이 드러나고, 훈련을 멈추면 복근의 탄력은 사라진다. 규율이 없으면 본래의 모습이 드러난다. 현대의 외과 수술과 곧 가능해질 유전학적 조작은 존재와 가상의 유희에 종지부를 찍을 것이다. 이 유희는 오늘날까지 미에 관련된 문화에서 가장 본질적인 부분을 차지하고 있다. 이제 존재 자체가 새로운 디자인에 종속될 것이다. 이 새로운 디자인은 쉽게 원상태로 돌릴 수 없으며 존재와 가상의 관계에 대한 질문을 무의미하게 만들 것이다. 외과수술로 성형된 몸매는 실제로 코르셋으로 조여진 허리보다 더 날씬하다. 유행에 맞지 않는 헤어스타일은 언제든지 바꿀 수 있지만 유행에 맞게 고친 코는 쉽게 바꿀 수 없다. 그러나 성형의 결과 역시 궁극적인 것은 아니다. 왜냐하면 고통스러운 수술을 추가로 하게 되면 잘못 성형된 신체를 교정하거나 재성형할 수 있기 때문이다.(때로는 그렇게 해야만 한다.)

"아름다운 것은 좋은 것이다, 아니면 적어도 더 나은 것이다." 우리는 이 오래된 플라톤 식의 방정식이 오늘날 우리의 일상에서 여전히 변함없이 작동하는 점을 부인할 수 없다. 오랫동안 남성들은 '아름다울' 필요가 없었다. 단지 '흥미로운' 존재면 충분했다. 이 점에서 남성들은 많은 득을 본 것이다. 그러나 최근 들어 남성의 신체도 동성애적인 취향으로 형태가 바뀌고 있다. 이렇게 변화된 조건 속에서 매력적일 필요가 없었던 남성들의 특권이 제한되게 되었다. 인간의 외모보다 내면적 가치를 중시했던, 그리스도론에 입각한 지혜는 이제 그 유효성을 상실하지 않을 수 없다. 왜냐하면 우리는 여전히 고대 칼로카가티아의 이상을 고수하고는 있지만, 외적 아름다움을 도덕적 주체가 되려는 노력에서 찾기보다는 도덕적 자질을 외모에서 도출하는 세계에 살고 있기 때문이다. 여기서 외모는 쉽게 바꿀 수 있는 것이기에 인간 스스로 책임져야 하는 것이 되었다.

이러한 환경 속에서는 누구나 아름답고 싶은 욕망을 갖게 된다. 아름다움이 인간관계에서뿐 아니라 노동시장에서도 성공의 기회를 확실하게 보장한다고 했을 때, 자연의 혜택을 받은 행운아에게 이 기회를 양보하고 이 규범을 따른다면 이것은 큰 문제가 될 것이다. 핵심을 말하면 인간의 "선천적인 불평등이 야기한 스캔들" 중에서 가장 가시적인 표현이 선천적인 아름다움이다. 미는 그 자체가 "비민주적으로 분배된" 것이어서 그것을 재분배하는 일은 쉽지 않다.(볼츠 2009, 41) 미는 개인이 어떤 성과를 냈건 이와 무관하게 어떤 사람은 편애하고 어떤 사람은 차별한다. 덜 아름다운 사람들이 악의 없이 아이러니한 어조로 "추한 것도 멋지다!"(가스퍼/가스퍼 2005)라고 외치며 반란을 도모하더라도 이 사실은 크게 바뀌지 않는다.

그러므로 미의 산업화와 인위적인 미를 생산하는 세련된 기술은 이와 연관된 미적 강령, 즉 "아름다워져야 한다는 명령의 민주화"를 기치로 내세우며 사람들에게 다가간다.(포쉬 2009, 64) 자연의 혜택으로 일부 사람에게만 허용되었던 아름다움이 이제는 하나의 상품이 되었다. 그 결과 최소한 중간계층에게까지는 이 혜택이 돌아가게 되었다. 그러나 불만족은 여전히 존재한다. 인위적인 기술의 산물이 된 인간의 아름다움이 어떻게 동일시되고 인정될 수 있는지의 문제는 차치하더라도, 이렇게 함으로써 사회적 갈등을 더 고조시킬 수 있는 뚜렷한 규범이 제시되고 유효하게 된다. 미와 관련된 산업계의 요구와 규칙을 거부하는 사람은 점차 사회적 인정을 잃게 될 것이다.(포쉬 2009, 215) 21세기의 엘리트는 "경향에 맞게 아름다운" 사람들이며, 또 스스로를 그렇게 생각하는 사람들이다. 그리고 이들이 표상하는 신체에 부응하지 못하는 사람은 자신의 꼴사나운 신체가 잘못되고 도덕적으로 적절치 못한 품행의 표현이라는 비난을 감수해야 한다.(포쉬 2009, 67) 신체의 극단적인 조작을 통해 자신의 자존감을 고양시킬 수 있다는 강박에서 벗어나기 위해서는 아름다운 외모와 인정, 사랑, 성공 사이의 밀접한 관계를 과격하게 해체할 수 있는 사회가 먼저 전제되어야 한다. 우리 사회는 어느 때보다 그런 사회와 멀리 떨어져 있다. 아름다움이 주는 약속은 여기서도 거짓이라는 것이 입증되었다.

참고 문헌

일차 문헌

Adorno, Theodor W. (아도르노): Ästhetische Theorie. (『미학 이론』) Gesammelte Schriften, Bd. 7. (『전집』 7) Frankfurt/Main: Suhrkamp 1984.

__ Kulturkritik und Gesellschaft Ⅰ. Prismen, Ohne Leitbild. (『프리즘』) Gesammelte Schriften, Bd. 10/1. (『전집』 10/1) Frankfurt/Main: Suhrkamp 1977.

__ Minima Moralia. (『미니마 모랄리아』) Gesammelte Schriften, Bd. 4. (『전집』 4) Frankfurt/Main: Suhrkamp 1984

Anders, Günther (안더스): Mensch ohne Welt. (『세계 없는 인간』) Schriften zur Kunst und Literatur. München: Beck 1984.

Aristoteles (아리스토텔레스): Poetik. (『시학』) Griechisch/Deutsch, übersetzt von Manfred Fuhrmann. Stuttgart: Reclam 1994.

Assunto, Rosario (아순토): Die Theorie des Schönen im Mittelalter. (『중세의 미 이론』) Mit Quellentexten. Köln: Dumont 1982.

Barthes, Roland (바르트): Die Sprache der Mode. (『유행의 언어』) Frankfurt/Main: Suhrkamp 1985.

Batteux, Charles (바퇴): Einleitung in die Schönen Wissenschaften. (『아름다운 학문 입문』) Nach dem Französischen, mit Zusätzen vermehret von Karl Wilhelm Ramler. 3. verbesserte Aufl., 4 Bde. Leipzig: Weidmann 1769.

Baumgarten, Gottlieb Alexander (바움가르텐): Ästhetik. (『미학』) Lateinisch-Deutsch. Zwei Bände, hg. und übersetzt von Dagmar Mirbach. Hamburg: Meiner 2007.

Benjamin, Walter (벤야민): Das Kunstwerk in Zeitalter seiner technischen Reproduzierbarkeit. Frankfurt/Main: Suhrkamp 1979.

Bense, Max (벤제): Aesthetica. Einführung in die neue Ästhetik. (『미학. 신미학 입문』) Baden-Baden: Agis 1982.

Birkhoff, George David (버코프): Aesthetic Measure. (『미적 측정』) Whitefish: Kessinger Publishing 2003.

Böhme, Gernot (뵈메): Für eine ökologische Naturästhetik. (『생태 자연미학을 위하여』) Frankfurt/Main: Suhrkamp 1989.

Böhme, Hartmut (뵈메): Zeiten der Mode. (『유행의 시간들』) In: Kunstforum

International 197/2009, 49-83.

Broch, Hermann (브로흐): Dichten und Erkennen. (『글쓰기와 인식』) Essays 1. Gesammelte Werke 6, hg. v. Hannah Arendt. Zürich: Rhein 1955.

Burke, Edmund (버크): Philosophische Untersuchungen über den Ursprung unserer Ideen vom Erhabenen und Schönen, (『숭고와 미의 관념의 기원에 관한 철학적 연구』) hg. von Werner Strube. Hamburg: Meiner 1980.

Cunningham, Michael R. (커닝햄): Measuring the physical in physical attractiveness: Quasi-experiments on the sociobiology of female facial beauty. (「물질의 활동성에서 물질의 측정, 여성 얼굴의 미에 대한 사회생물학적 유사실험」) In: Journal of Personality and Social Psychology 50/1986, 925-935.

Darwin, Charles (다윈): Die Abstammung des Menschen und die geschlechtliche Zuchtwahl. (『인류의 유래와 성선택』) Aus dem Englischen übersetzt von J. Victor Carus. Zwei Bände. Stuttgart: E. Schweizerbart'sche Verlaghandlung 1875.

Dettmar, Ute (데트마)/ Küpper, Thomas (퀴퍼) (Hg.): Kitsch. Texte und Theorien. (『키치. 텍스트와 이론』) Stuttgart: Reclam 2007.

Eco, Umberto (에코): Die Geschichte der Hässlichkeit. (『추의 역사』) Mit Quellentexten. München: Hanser 2007.

_ Die Geschichte der Schönheit. (『미의 역사』) Mit Quellentexten. München: Hanser 2004.

Ehrenfels, Christian von (에렌펠스): Ästhetik. Philosophische Schriften 2, (『미학』) hg. von Reinhard Fabian. München-Wien: Philosophia 1986.

Ficino, Marsilio (피치노): Über die Liebe oder Platons Gastmahl, (『사랑과 플라톤의 향연에 관하여』) übersetzt von Karl Paul Hasse. Hamburg: Meiner 1984.

Franck, Georg (프랑크): Ökonomie der Aufmerksamkeit. Ein Entwurf. (『관심의 경제학. 기획』) München: Hanser 1998.

Freud, Sigmund (프로이트): Das Unbehagen in der Kultur. (『문명 속의 불만』) Studienausgabe Bd. IX. Frankfurt/Main: Fischer 1982, 191-270.

Goethe, Johann Wolfgang von (괴테): Werke. Hamburger Ausgabe (HA) 〔『괴테 전집』(함부르크 판)〕 in vierzehn Bänden, hg. von Erich Trunz. München: Beck 1978.

Grassi, Ernesto (그라시): Die Theorie des Schönen in der Antike. Mit Quellentexten. (『고대의 미 이론』) Köln: Dumont 1980.

Greenberg, Clement (그린버그): Avantgarde und Kitsch. (『아방가르드와 키치』) In: Die Essenz der Moderne. Ausgewählte Essays und Kritiken, (『모더니즘의 정수』) hg. von Karlheinz Lüdeking. Dresden: Verlag der Kunst 1997, 29-55.

Haeckel, Ernst (해켈): Kunstformen der Natur. (『자연의 예술 형식』) Leipzig und Wien: Bibliographisches Institut 1899. Vollständige elektronische Faksimile-Ausgabe unter: http://caliban.mpiz-koeln.mpg.de/~stueber/haeckel/kunstformen/natur.html

Hanslick, Eduard (한스리크): Vom Musikalisch-Schönen. Ein Betrag zur Revision der Ästhetik der Tonkunst. (『음악적 아름다움에 관하여. 음악미학의 수정을 위한 기고』) Darmstadt: Wissenschaftliche Buchgesellschaft 1991 (Reprint der Ausgabe Leipzig 1854).

Haug, Wolfgang Fritz (하우크): Kritik der Warenästhetik. (『상품미학 비판』) Überarbeitete Neuausgabe. Gefolgt von Warenästhetik im High-Tech-Kapitalismus. Frankfurt/Main: Suhrkamp 2009.

Hegel, Georg Wilhelm Friedrich (헤겔): Frühe Schriften. Werke in zwanzig Bänden, (『초기 저술』) hg. von Eva Moldenhauer und Karl Markus Michel, Bd. 1. Frankfurt/Main: Suhrkamp 1971.

__ Vorlesungen über die Ästhetik Ⅰ-Ⅲ. Werke in zwanzig Bänden, hg. von Eva Moldenhauer und Karl Markus Michel, Bd. 13-15. (『미학 강의, 전집 13-15권』) Frankfurt/Main: Suhrkamp 1970.

Herder, Johann Gottfried (헤르더): Kalligone. Vom Angenehmen und Schönen. (『칼리고네. 편안함과 미에 관해서』) Frankfurt u. Leipzig: Hartknoch 1800.

Hobbes, Thomas (홉스): Vom Menschen. Vom Bürger. Elemente der Philosophie Ⅱ-Ⅲ, hg. (『인간론/시민론. 철학의 요소들』) von Günter Gawlick. Hamburg: Meiner 1994.

Homer (호메로스): Odyssee. (『오디세이아』) Griechisch/Deutsch. Übersetzung von Johann Heinrich Voss. Augsburg: Weltbild 1994.

Hume, David (흄): Vom schwachen Trost der Philosophie. Essays. Auswahl, (『철학의 미약한 위로』) Übersetzung und Nachwort von Jens Kulenkampff. Göttingen: Steidl 1990.

Jäger, Michael (예거): Die Theorie des Schönen in der italienischen Renaissance. (『이탈리아 르네상스의 미 이론』) Mit Quellentexten. Köln: Dumont 1990.

Kant, Immanuel (칸트): Anthroplogie in pragmatischer Hinsicht. (『실용적 관점에서 본 인간학』) In: Schriften zur Anthropologie, Geschichtsphilosophie, Politik und Pädagogik 2. Werkausgabe, hg. von Wilhelm Weischedel, Bd. XII. (『칸트 전집』) Frankfurt/Main: Suhrkamp 1978, 399-694.

__ [KdU]: Kritik der Urteilskraft. (『판단력 비판』) Werkausgabe, hg. von Wilhelm Weischedel, Bd. X. Frankfurt/Main: Suhrkamp 1975.

__ [MdS]: Metaphysik der Sitten. (『윤리형이상학』) Werkausgabe, hg. von Wilhelm Weischedel, Bd. VIII. Frankfurt/Main: Suhrkamp 1979.

Klopstock, Friedrich Gottlieb (클롭슈토크): Werke in einem Band, (『클롭슈토크 전집』) hg. von Karl-Heinz Hahn. Berlin und Weimar: Aufbau 1983.

Lavater, Johann Caspar (라바터): Physiognomische Fragmente. (『관상학적 단편』) Stuttgart: Reclam 2004.

Leibniz, Gottfried Wilhelm (라이프니츠): Philosophische Schriften, (『철학 저술집』) hg. von Hans Heinz Holz. Fünf Bände. Darmstadt: Wissenschaftliche Buchgesellschaft 1985.

Lessing, Gotthold Ephraim (레싱): Werke, (『레싱 전집』) hg. von Herbert G. Göpfert. Sechs Bände. München: Hanser 1996.

Lichtenberg, Georg Christoph (리히텐베르크) : Über Physiognomik; wieder die Physiognomen. (『관상학에 관하여』) Schriften und Briefe II, (『저술과 서간문』) hg. von Franz H. Mauntner. Frankfurt/Main: Insel 1992.

Marinetti, Filippo Tommaso (마리네티): Manifest des Futurismus (1909). (「미래주의 선언」) In: Harrison, Charles (하리슨)/ Wood, Paul (우드) (hg.): Kunsttheorie im 20. Jahrhundert. (『20세기 예술이론』) Band I: 1895-1941. Ostfildern-Ruit: Gerd Hatje 1998, 183-187.

Marx, Karl (마르크스): Ökonomisch-philosophische Manukripte (1844). (『경제학 철학 수고』) In: Marx-Engels-Werke (MEW) (『마르크스 엥겔스 전집』), Erg. Bd. 1. Berlin: Dietz 1973, 465-590.

Moritz, Karl Philipp (모리츠): Werke, (『모리츠 전집』) hg. von Horst Günther. 3 Bde. Frankfurt/Main: Insel 1981.

Nietzsche, Friedrich (니체) : Sämtlische Werke. (『니체 전집』) Kritische Studienausgabe in 15 Bänden, hg. von Giorgio Colli und Mazzino Montinari (KSA). Müchen: dtv 1980.

Novalis (노발리스): Werke, (『노발리스 전집』) hg. von Gehard Schulz. Müchen: Beck 2001.

Platen, August Graf von (플라텐) : Werke. 2 Bände. (『플라텐 전집』)

Elberfeld: Verlagsbuchhandlung o. J.

Platon (플라톤): Das Gastmahl. (『향연』) Sämtliche Dialoge, Bd. Ⅲ, (『플라톤 전집』) hg. von Otto Apelt. Hamburg: Meiner 1988.

_ Der größere Hippias. (『대 히피아스』) Sämtliche Dialoge, Bd. Ⅲ, (『플라톤 전집』) hg. von Otto Apelt. Hamburg: Meiner 1988.

_ Philebos. (『필레보스』) Sämtliche Dialoge, Bd. Ⅳ, (『플라톤 전집』) hg. von Otto Apelt. Hamburg: Meiner, 1988.

_ Der Staat. (『국가』) Sämtliche Dialoge, Bd. Ⅴ, (『플라톤 전집』) hg. von Otto Apelt. Hamburg: Meiner 1988.

_ Timaios. (『티마이오스』) Sämtliche Dialoge, Bd. Ⅵ, (『플라톤 전집』) hg. von Otto Apelt. Hamburg: Meiner 1988.

Plessner, Helmuth (플레스너): Die Stufen des Organischen und der Mensch. (『유기체의 단계와 인간』) Gesammelte Schriften IV. (『플레스너 전집』) Darmstadt: Wissenschaftliche Buchgesellschaft 2003.

Plinius der Ältere (플리니우스): Naturkunde/Naturalis historia. (『박물지』) Lateinisch-Deutsch, hg. und übersetzt von Gerhard Winkler in Zusammenarbeit mit Roderich König. Buch 35. München: Artemis & Winkler 1993.

Plotin (플로티노스): Schriften (『플로티노스 전집』), übersetzt von Richard Harder. 6 Bände. Darmstadt: Wissenschaftliche Buchgesellschaft 1999.

Rilke, Rainer Maria (릴케): Sämtliche Werke, hg. von Ernst Zinn. 6 Bände. (『릴케 전집』) Frankfurt/Main: Insel 1987.

Rosenkranz, Karl (로젠크란츠): Ästhetik des Häßlichen. (『추의 미학』) Darmstadt: Wissenschaftliche Buchgesellschaft 1979 (Reprint der Ausgabe Königsberg 1853).

Rüegg, Walter (Hg.) (뤼에크): Antike Geisteswelt I. (『고대의 정신세계 1』) Hanau: Dausien 1986.

Sartre, Jean-Paul (사르트르): Was ist Literatur?, (『문학이란 무엇인가?』) hg. von Traugott König. Reinbek bei Hamburg: Rowohlt 1981.

Schelling, Friedrich Wilhelm (쉘링): Ausgewählte Schriften in sechs Bänden. (『쉘링 선집』) Frankfurt/Main: Suhrkamp 1985.

Schiller, Friedrich (실러): Sämtliche Werke, (『실러 전집』) hg. von Gehard Fricke und Herbert G. Göpfert. Fünf Bände. München: Hanser 1993.

Schlegel, Friedrich (슐레겔): Kritische Schriften und Fragmente. Studienausgabe in sechs Bänden, (『슐레겔 전집』) hg. von Ernst Behler

und Hans Eichner. Paderborn: Schöningh 1988.
Schopenhauer, Arthur (쇼펜하우어): Metaphysik des Schönen (1820), (『미의 형이상학』) hg. und eingeleitet von Volker Spierling. München: Piper 1985.
_ Sämtliche Werke in fünf Bänden. (『쇼펜하우어 전집』) Textkritisch bearbeitet und hg. von Wolfgang Frhr. von Löhneysen. Frankfurt/Main: Suhrkamp 1986.
Seel, Martin (젤): Eine Ästhetik der Natur. (『자연미학』) Frankfurt/Main: Suhrkamp 1991.
Simmel, Georg (짐멜): Die Mode. (「유행」) In: G.S.: Philosophische Kultur. Gesammelte Essais. (『짐멜 전집』) Berlin: Wagenbach 1983, 26-51.
Stendhal (본명 Henri Beyle) (스탕달): Über die Liebe. (『사랑에 관하여』) Vollständige Ausgabe. Aus dem Französischen von Walter Hoyer. Frankfurt/Main: Insel 1975.
Sulzer, Johann Georg (줄처): Allgemeine Theorie der Schönen Künste. (『아름다운 예술에 대한 일반론』) In einzeln, nach alphabetischer Ordnung der Kunstwörter auf einander folgenden, Artikeln abgehandelt. Leipzig: M. G. Weidmanns Erben und Reich 1771/1774.
Veblen, Thorstein (베블런): Theorie der feinen Leute. Eine ökonomische Untersuchung der Institutionen. (『유한계급론』) München: dtv 1981.
Vischer, Friedrich Theodor (피셔): Mode und Zynismus. (『유행과 조소』) In: Bovenschen, Silvia (Hg.): Die Listen der Mode. Frankfurt/Main: Suhrkamp 1986, 33-79.
Wilde, Oscar (와일드): Werke in drei Bänden, (『와일드 전집』) hg. von Rainer Gruenter. München: Hanser 1977.
Winckelmann, Johann Joachim (빙켈만): Werke in einem Band, (『빙켈만 전집』) hg. von Helmut Holtzhauer. Berlin und Weimar: Aufbau 1982.
Zimmermann, Robert (침머만): Allgemeine Ästhetik als Formwissenschaft. (『형식학문으로서의 일반미학』) Wien: Braumüller 1865.

이차 문헌

Aronson, Elliot (애런슨)/ Wilson, Timothy (윌슨)/ Akert, Robin M. (애커트): Sozialpsychologie. (『사회심리학』) München: Pearson Education 2009.
Bartels, Klaus (바르텔스): Roms sprechende Steine. Inschriften aus zwei Jahrtausenden. (『로마의 말하는 돌들. 2천 년간의 비문들』) Mainz: von

Zabern 2004.

Batchelor, David (배첼러): Chromophobie. Angst vor der Farbe. (『무채색 공포. 색에 대한 공포』) Aus dem Englischen von Michael Hunter. Wien: WUV 2002.

Belting, Hans (벨팅): Das Ende der Kunstgeschichte. Eine Revision nach zehn Jahren. (『예술사의 종말』) München: Beck 1995.

Bolz, Norbert (볼츠): Diskurs über die Ungleichheit. Ein Anti-Rousseau. (『불평등 담론. 안티 루소』) München: Fink 2009.

Bovenschen, Silvia (보벤셴): Über die Listen der Mode. (「유행의 간계에 대해서」) In: Bovenschen, Silvia (Hg.): Die Listen der Mode. (『유행의 간계』) Frankfurt/Main: Suhrkamp 1986, 10-32.

Breuer, Stefan (브로이어): Ästhetischer Fundamentalismus. Stefan George und der deutsche Antimodernismus. (『미적 근본주의. 슈테판 게오르게와 독일의 반모더니즘』) Darmstadt: Wissenschaftliche Buchgesellschaft 1995.

Breuninger, Renate (브로이닝어) (Hg.): Das Schöne. (『아름다운 것』) Ulm: Humboldt- Studienzentrum 2007.

Brin, Irene (브린): Morbidezza. Kleine Geschichte des Snobismus zwischen den groβen Kriegen. (『양차대전 사이의 스노비즘』) Aus dem Italienischen von Sigrid Vagt. Berlin: Rotbuch 1986.

Brinkmann, Vinzenz (브린크만)/ Wünsche, Raimund (뷘셰) (Hg.): Bunte Götter. Die Farbigkeit antiker Skulptur. (『다채로운 신들. 고대 조각의 채색성』) München: Glyptothek 2004.

Brunner, Markus (브루너): "Körper im Schmerz" - Zur Körperpolitik der Perfomancekunst von Stelarc und Valie Export. (『"고통 속의 몸"-스텔락과 발리 엑스포르트의 행위예술에서 몸의 정치』) In: Villa, Paula-Irene (Hg.): schön normal. Manipulationen am Körper als Technologien des Selbst. Bielefeld: Transcript 2008,
21-40.

Büttner, Stefan (뷔트너): Antike Ästhetik. Eine Einführung in die Prinzipien des Schönen. (『고대의 미학. 미의 원리 입문』) München: Beck 2006.

Cacciari, Massimo (카치아리): Gewalt und Harmonie. Geo-Philisophie Europas. (『폭력과 조화. 유럽의 지구 철학』) München: Hanser 1995.

Cramer, Friedrich (크라머)/ Kaempfer, Wolfgang (캠퍼): Die Natur der Schönheit. Zur Dynamik der schönen Formen. (『미의 자연. 아름다운 형식의 역동성』) Frankfurt/Main: Insel 1992.

Damnjanovic, Milan (담냐노비치): Eduard Hanslick als Begründer der modernen Musikästhetik. (『에두아르트 한스리크. 현대 음악미학의 창시자』) In: Benedikt, Michael/ Knoll, Reinhold (Hg.): Verdrängter Humanismus – Verzögerte Aufklärung. (『억압된 휴머니즘, 지연된 계몽』) 3. Band: Bildung und Einbildung. Vom verfehlten Bürgerlichen zum Liberalismus. Philosophie in Österreich (1820-1880). Klausen-Leopoldsdorf: Editura Triade 1995, 717ff.

Danto, Arthur C. (단토) : The Abuse of Beauty. Aesthetics and the Concept of Art. (『미의 남용. 미학과 예술의 개념』) Chicago and La Salle: Open Court 2003.

Deschner, Karlheinz (데쉬너): Kitsch, Konvention und Kunst. Eine literarische Streitschrift. (『키치, 관습 그리고 예술. 문학적 논쟁』) Erweiterte Neuausgabe 1980. Frankfurt/Main-Berlin: Ullstein 1991.

Doering, Pia Claudia (되링): Die Schönheit – Nur ein Glücksversprechen? Hobbes, Stendhal, Baudelaire. (『미-단지 행복의 약속뿐인가? 홉스, 스탕달, 보들레르』) In: Westerwelle, Karin: Charles Baudelaire: Dichter und Kunstkritiker. Würzburg: Königshausen & Neumann 2007, 107-122.

Eberle, Matthias (에베를레): Individuum und Landschaft. Zur Entstehung und Entwicklung der Landschaftsmalerei. (『개인과 풍경. 풍경화의 탄생과 발전』) Gieβen: Anabas 1986.

Eco, Umberto (에코): Kunst und Schönheit im Mittelalter. (『중세의 예술과 미』) Aus dem Italienischen von Günter Memmert. München: Hanser 1991.

__ Das offene Kunstwerk. (『열린 예술작품』) Übersetzt von Günter Memmert. Frankfurt/Main: Suhrkamp 1977.

Enzensberger, Christian (엔첸스베르거): Literatur und Interesse. Eine Politische Ästhetik. (『문학과 이해. 정치미학』) Frankfurt/Main: Suhrkamp 1981.

Esterbauer, Reinhold (에스터바우어) (Hg.): Orte des Schönen. Phänomenologische Annäherungen. (『미의 장소들. 현상학적 시도』) Würzburg: Königshausen & Neumann 2003.

Etcoff, Nancy (에트코프): Nur die Schönsten überleben. Die Ästhetik des Menschen. (『오직 아름다운 것만이 생존한다. 인간의 미학』) München: Diederichs 2001.

Frank, Manfred (프랑크): Der Kommende Gott. Vorlesungen über die neue Mythologie. (『강림하는 신. 새로운 신화 강의』) Frankfurt/Main: Suhrkamp

1982.
Fuller, Gregory (풀러): Kitsch-Art. Wie Kitsch zu Kunst wird. (『키치예술. 키치가 예술이 되는 방법』) Köln: Dumont 1992.
Gasper, Harald (하랄드 가스퍼)/ Gasper, Regina (레기나 가스퍼): Herrlich hässlich! Warum die Welt nicht den Schönen gehört. (『추한 것도 멋지다! 왜 세상은 아름다운 것에 속하지 않는가』) Frankfurt/Main: Eichborn 2005.
Gilman, Sander L. (길만): Glamour und Schönheit. Vorstellungen von Glamour und Schönheit im Zeitalter der Schönheitsoperationen. (『글래머와 미. 성형수술 시대의 글래머와 미에 관한 표상』) In: Haustein, Lydia/ Stegmann, Petra (Hg.): Schönheit. Vorstellungen in Kunst, Medien und Alltagskultur. (『예술, 미디어, 일상문화에서 표상하는 미』) Göttingen. Wallstein 2006, 177-195.
Grammer, Karl (그라머): Was Gesichter sagen oder die evolutionäre Psychologie der Schönheit. (『얼굴이 말하는 것 그리고 미의 진화론적 심리학』) In: Gutwald, Cathrin/ Zons, Raimar (Hg.): Die Macht der Schönheit. (『미의 힘』) München: Fink 2007, 71-84.
__ Signale der Liebe. Die biologischen Gestze der Partnerschaft. (『사랑의 신호. 파트너쉽의 생물학적 법칙』) Hamburg: Hoffmann und Campe 1993.
Gründl, Martin (그륀들): Attraktivitätsforschung: Auf der Suche nach der Formel der Schönheit. (『매력 연구. 미의 공식을 찾아서』) In: Gutwald, Cathrin/ Zons, Raimer (Hg.): Die Macht der Schönheit. München: Fink 2007, 49-70.
Guggenberger, Bernd (구겐베르거): Sein oder Design. Zur Dialektik der Abklärung. (『존재와 디자인. 계몽의 변증법』) Berlin: Rotbuch 1987.
Gutwald, Cathrin (굿발트)/ Zons, Raimar (촌스) (Hg.): Die Macht der Schönheit. (『미의 힘』) München: Fink 2007.
Haustein, Lydia (하우스타인)/ Stegmann, Petra (슈테그만) (Hg.): Schönheit. Vorstellungen in Kunst, Medien und Alltagskultur. (『예술, 미디어, 일상문화에서 표상하는 미』) Göttingen. Wallstein 2006.
Jauβ, Hans Robert (야우스) (Hg.): Die nicht mehr schönen Künste. Grenzphänomene des Ästhetischen. (『더 이상 아름답지 않은 예술. 미적인 것의 경계현상』) München: Fink 1968.
Jens, Heike (엔스): Customize Me! Anmerkungen zur Massenindividualisierung in der Mode. (『나를 꾸며주세요! 유행에 있어서 대중의 개인화』) In: Mentges, Gabriele/ Richard, Birgit (Hg.): Schönheit der

Uniformität. Körper, Kleidung, Medien. (『획일성의 미학. 신체, 의복, 매체』) Frankfurt/New York: Campus 2005, 199-220.

Kasten, Erich (카스텐): Body-Modification. Psychologische und medizinische Aspekte von Piercing, Tattoo, Selbstverletzungen und anderen Körperveränderungen. (『몸의 변형. 피어싱, 문신, 자해 그리고 다른 신체변형에 대한 심리학적, 의학적 측면』) München und Basel: Ernst Reinhardt 2006.

Kessler, Eckhard (케슬러): Die Proportionen der Schönheit. (『미의 비례』) In: Gutwald, Cathrin/ Zons, Raimar (Hg.): Die Macht der Schönheit. München: Fink 2007, 133-160.

Klemmer, Heiner F. (클레머)/ Pauen, Michael (파우엔)/ Raters, Marie-Luise (라터스) (Hg.): Im Schatten des Schönen. Die Ästhetik des Hässlichen in historischen und aktuellen Debatten. (『미의 그림자. 추의 미학』) Bielefeld: Aisthesis 2006.

Koppe, Franz (코페): Grundbegriffe der Ästhetik. (『미학의 기본 개념』) Frankfurt/Main: Suhrkamp 1983.

Liebau, Eckart (립아우)/ Zirfas, Jörg (치르파스) (Hg.): Schönheit. Traum-Kunst-Bildung. (『미. 꿈-예술-교양』) Bielefeld: Transcript 2007.

Liessmann, Konrad Paul (리스만): Ästhetische Empfindungen. (『미적 감정』) Wien: WUV/UTB 2009.

_ Kitsch! oder warum der schlechte Geschmack der eigentlich gute ist. (『키치! 나쁜 취향이 왜 원래 좋은 취향인가』) Wien: Brandstätter 2002.

_ Ohne Mitleid. Zum Begriff der Distanz als ästhetische Kategorie mit ständiger Rücksicht auf Theodor W. Adorno. (『연민 없이. 미적 개념으로서의 거리』) Wien: Passagen 1991.

_ Philosophie der modernen Kunst. (『현대 예술철학』) Wien: WUV/UTB 1999.

_ Philosophie des verbotenen Wissens. Friedrich Nietzsche und die schwarzen Seiten des Denkens. (『금지된 지식의 철학. 니체와 사유의 어두운 측면들』) Wien: Zsolnay 2000.

Lühe, Astrid van der (뤼에): David Humes ästhetische Kritik. (『흄의 미적 비판』) Hamburg: Meiner 1996.

Macho, Thomas (마호): Altgriechische Schönheitsideale. Die bunten Götter und der häβliche Sokrates. (『고대 그리스의 미적 이상. 화려한 신들과 추한 소크라테스』) In: Gutwald, Cathrin/Zons, Raimar (Hg.): Die Macht der

Schönheit. München: Fink 2007, 115-131.

Maase, Kaspar (마제) (Hg.): Die Schönheit des Populären. Ästhetische Erfahrung der Gegenwart. (『대중적인 것의 미학. 현재의 미적 경험』) Frankfurt/New York: Campus 2008

Majetschak, Stefan (마예차크): Ästhetik zur Einführung. (『미학 입문』) Hamburg: Junius 2007.

Menninghaus, Winfried (메닝하우스): Das Versprechen der Schönheit. (『미의 약속』) Frankfurt/Main: Suhrkamp 2003.

Mentges, Gabriele (멘트게스)/ Richard, Birgit (리하르트) (Hg.): Schönheit der Uniformität. Körper, Kleidung, Medien. (『획일성의 미. 신체, 의복, 매체』) Frankfurt/New York: Campus 2005.

Meyer-Drawe, Käte (마이어-드라베): Inschriften des Leibes. Tattoos, Piercings, Brandings. (『신체의 각인. 타투, 피어싱, 낙인』) In: Gutwald, Cathrin/Zons, Raimar (Hg.): Die Macht der Schönheit. München: Fink 2007, 221-244.

Most, Glenn W. et al. (모스트): Artikel "Das Schöne". (『"아름다운 것"』) In: Ritter, Joachim/ Gründer, Karlfried (Hg.): Historisches Wörterbuch der Philosophie. (『통시적 철학사전』) Darmstadt: Wissenschaftliche Buchgesellschaft 1992, Band 8, Sp. 1343-1386.

Naumann, Frank (나우만): Schöne Menschen haben mehr vom Leben. Die geheime Macht der Attraktivität. (『아름다운 사람은 삶에 대해 더 많은 것을 가지고 있다. 매력의 은밀한 힘』) Frankfurt/Main: Fischer 2006.

Nehamas, Alexander (네하마스): Only a Promise of Happiness. The Place of Beauty in a World of Art. (『오직 행복의 약속. 예술 세계 안의 미의 위치』) Princeton: Princeton University Press 2007.

_ The Return of the Beautiful. Morality, Pleasure, and the Value of Uncertainty. (『미의 귀환. 도덕성, 기쁨, 불확실성의 가치』) In: The Journal of Aesthetics and Art Criticism, 54 4/2000, 393-403.

Perpeet, Wilhelm (페르페트): Vom Schönen und von der Kunst. (『미와 예술에 관하여』) Bonn: Bouvier 1997.

Pikulik, Lothar (피쿨리크): Frühromantik: Epoche, Werke, Wirkung. (『초기 낭만주의: 시대, 작품, 영향』) München: Beck 2000.

Pippal, Martina (피팔)/ Wegenstein, Bernadette (베겐슈타인): Die Arbeit am eigenen Körper. (『자기 몸에 대한 작업』) Wien: Picus 2009.

Posch, Waltraud (포쉬): Projekt Körper. Wie der Kult um die Schönheit unser Leben prägt. (『신체 프로젝트. 미의 숭배가 우리의 삶을 어떻게 각인하는가』) Frankfurt/New York: Campus 2009.

Pothast, Ulrich (포타스트): Die eigentlich metaphysische Tätigkeit. Über Schopenhauers Ästhetik und ihre Anwendung durch Samuel Beckett. (『본원적인 형이상학 행위. 쇼펜하우어 미학과 사무엘 베케트의 수용』) Frankfurt/Main: Suhrkamp 1982.

Pöltner, Günther (푈트너): Philosophische Ästhetik. (『철학적 미학』) Stuttgart-Beriln: Kohlhammer 2008.

Recki, Birgit (레키): "Herabgekommen ins Sichtbare." Eine Apologie der Schönheit in pragmatischer Hinsicht. (『"가시적인 것으로의 추락" 실용적인 관점에서 본 미의 옹호』) In: Konersmann, Ralf (Hg.): Das Leben denken - Die Kultur denken. (『삶의 사유. 문화의 사유』) Bd. 1: Leben. München: Alber 2007, 176-196.

Rehn, Rudolf (렌): Die Entzauberung des Eros (『에로스의 탈주술』): Symposion. In: Kobusch, Theo/ Mojsisch, Burkhard (Hg.): Platon. Seine Dialoge in der Sicht neuerer Forschung. Darmstadt (『플라톤. 새로운 시각에서 본 대화』): Wissenschaftliche Buchgesellschaft 1996.

Renz, Ulrich (렌츠): Schönheit. Eine Wissenschaft für sich. (『미. 즉자적 학문』) Berlin: Berliner Taschenbuchverlag 2007.

Reschke, Renate (레쉬케): Artikel "Schön/Schöheit". (「아름다운/미」) In: Barck, Karlheinz (Hg.): Ästhetische Grundbegriffe. (『미학의 근본 개념』) Bd. 5. Stuttgart-Weimar: Metzler 2003, 390-436.

Rorty, Richard (로티): Die Schönheit, die Erhabenheit und die Gemeinschaft der Philosophen. (『미, 숭고 그리고 철학자 공동체』) Mit einem Kommentar von Albrecht Wellmer. Aus dem Amerikanischen von Christa Krüger und Jürgen Blasius. Frankfurt/Main: Suhrkamp 2000.

Safranski, Rüdiger (자프란스키): Romantik. Eine deutsche Affäre. (『낭만주의. 독일적 사건』) München: Hanser 2007.

Scarry, Elaine (스캐리): On Beauty and Being just. (『미와 정의에 관해서』) Princeton: Princeton University Press 1999.

Schöne-Seifert, Bettina (쇠네-자이페르트)/ Talbot, Davinia (탈보트) (Hg.): "Enhancement". Die ethische Debatte. (『"상승". 윤리적 논쟁』) Paderborn: Mentis 2009.

Scholz, Gudrun (숄츠): Schönheit im Industriedesign. (『산업디자인의 미』) In: Maase, Kaspar (Hg.): Die Schönheit des Populären. Ästhetische

Erfahrung der Gegenwart. (『대중적인 것의 미학. 현재의 미적 경험』) Frankfurt/New York: Campus 2008, 157-182.

Schlaffer, Hannelore (슐라퍼): Schönheit. Über Sitten und Unsitten unserer Zeit. (『미. 우리 시대의 도덕과 부도덕에 관하여』) München: Kunstmann 1996.

Schweppenhäuser, Gerhard (슈베펜호이저): Ästhetik. Philosophische Grundlagen und Schlüsselbegriffe. (『미학. 철학적 근거와 핵심개념』) Frankfurt/Main: Campus 2007.

Seidel, Martin (자이델): Kunst und Schönheit – eine schwierige Liaison. (『예술과 미의 어려운 결합』) In: Kunstforum International 191/2008, 41-61.

__ Widerstand der Ästhetik. Die Selbstverpflichtung der Schönheit. (『미학의 저항. 미의 자기의무』) In: Kunstforum International 192/2008, 41-50.

Tatarkiewicz, Władysław (타타르키에비치): Geschichte der sechs Begriffe. Kunst, Schönheit, Form, Kreativität, Mimesis, Ästhetisches Erlebnis. (『여섯 가지 개념의 역사: 예술, 미, 형식, 창의성, 미메시스. 미적 체험』) Aus dem Polnischen von Friedrich Griese. Frankfurt/Main: Suhrkamp 2003.

Trapp, Willhelm (트랍): Künstliche Paradiese. Über Schönheit und Werbung. (『인공적인 파라다이스. 미와 광고에 관하여』) In: Gutwald, Cathrin/ Zons, Raimar (Hg.): Die Macht der Schönheit. (『미의 힘』) München: Fink 2007, 205-220.

Treptow, Elmar (트렙토프): Die erhabene Natur. Entwurf einer ökologischen Ästhetik. (『숭고한 자연. 생태미학의 기획』) Würzburg: Königshausen & Neumann 2001.

Turkof, Edvin (투르코프)/ Sonnleitner, Elis (존라이트너)/ Strin, Aglaja (슈트린): Schamlippenkorrektur. Enzyklopaedia Aesthetica. (『소음순 교정. 미학 백과사전』) Wien: Maudrich 2009.

Villa, Paula-Irene (빌라): Habe den Mut, dich deines Körpers zu bedienen. Thesen zur Körperarbeit in der Gegenwart zwischen Selbstermächtigung und Selbst unter- werfung. (『용기를 내서 너의 몸을 사용하라. 자기결정과 자기종속 사이의 신체작업』) In: Villa, Paula-Irene (Hg.): schön normal. Manipulationen am Körper als Technologien des Selbst. Bielefeld: transcript 2008, 245-272.

__ (Hg.): Schön normal. Manipulationen am Körper als Technologien des Selbst, (『자기 기술로서의 신체 조작』) Bielefeld: transcript 2008.

Welsch, Wolfgang (벨쉬) (Hg.): Die Aktualität des Ästhetischen. (『미적인 것의 시의성』) München: Fink 1993.

Wiesing, Lambert (비징): Die Sichtbarkeit des Bildes. Geschichte und Perspektiven der formalen Ästhetik. (『이미지의 가시성. 형식미학의 역사와 관점』) Reinbek bei Hamburg: Rowohlt 1997.

Zahavi, Amotz (아모츠 자하비) & Zahavi, Avishag (아비삭 자하비): Signale der Verständigung. Das Handicap-Prinzip. (『이해의 신호. 핸디캡 원리』) Frankfurt/Main: Insel 1998.

인명 색인